Belleza y misericordia, una estética del espíritu

PALABRA

Imagen de portada: La mano de Dios, Rodin
Diseño de portada: Equipo editorial
ISBN: 978-84-1368-496-3
Depósito Legal: M-20.488-2025
Printed in Spain – Impreso en España

Ricardo Piñero Moral

Belleza y misericordia, una estética del espíritu

dBolsillo

Para Ti...
y Tú sabes por qué...

– ÍNDICE –

ESBOZO DE UNA
ANTROPOLOGÍA INTEGRAL:
AL CAERSE DEL CABALLO

No hace falta caerse de un caballo para toparse con algo extraordinario. Según cuentan, a Isaac Newton le despertó la mente —aunque no le abrió el cráneo— el impacto de una manzana sobre su cabeza. Ya se ve que, de vez en cuando, pasan cosas que pueden cambiar el rumbo no solo de nuestra propia vida, sino la de toda la humanidad. El descubrimiento de la gravedad nos ha permitido soñar con poder rastrear y recorrer el universo, proponer un modelo explicativo de la realidad y, por tanto, luchar por conocer cuidadosamente todo cuanto nos rodea, desde lo visible hasta lo invisible.

El ser humano resulta inquietante para sí mismo hasta límites insospechados. Dicho de otro modo, somos un verdadero problema para nosotros mismos. Intentar entender nuestra peculiar naturaleza comporta un esfuerzo radical para esclarecer quiénes somos, qué queremos, qué hacemos y por qué, qué nos hace disfrutar y qué aborrecemos. No podemos obviar un hecho fundamental: hemos de conocer nuestra identidad, nos va la vida en ello. Pero no es fácil comprendernos y explicarnos... especialmente en nuestros tiempos, en los que la condición humana es agredida violentamente por ideologías e intereses económicos. Unas y otros, poco a poco, casi nos han convencido de que no valemos nada, de que no somos valiosos, de que no resultamos importantes ni para los demás ni para nosotros mismos. Lo peor de nuestros tiempos es que, entre *fake news* e injusticias, entre desigualdades atroces y conflictos de intereses, entre la intolerancia de algunos y la insensatez de otros, se ha generado una imagen del hombre mutilada, desmembrada, atomizada, desgarrada de su origen.

Sin embargo, nunca es tarde para pararse a pensar, para detenerse y reflexionar sobre la verdad de lo que somos. Las circunstancias de nuestras vidas, muchas veces, nos asfixian, nos aprietan las urgencias de cada día. Tendemos a vivir como en un continuo, como autómatas, como si nuestro existir fuera una aburrida y monótona cadena de montaje. Tal vez nos hace falta que alguien nos zarandee y nos pare en seco, aunque sea bruscamente. No hay parón más eficaz que aquel que viene "desde fuera", cuando la vida se encarga de poner las cosas en su sitio. Porque no nos damos cuenta, pero se nos van descolocando muchas cosas, como sin querer: familia, trabajo, relaciones personales y hasta la vida interior. Las batallas de cada día hacen que perdamos la perspectiva de lo importante en nuestros hogares, y perdemos esa alegría y esa chispa que lo cambia todo. Nuestra profesión, en muchas ocasiones, puede ser tan absorbente que no recordemos que nuestra existencia está más allá de los asuntos laborales. En el trato con los demás, a veces, es muy fácil perder la delicadeza, el cariño, el respeto, porque tendemos a imponer nuestros criterios y a hacer nuestra voluntad. Por supuesto, en toda esa vorágine, Dios se nos va haciendo cada vez más pequeño, más invisible, hasta el punto de que nuestro trato con Él desaparece bajo toneladas de activismo.

Por eso es de agradecer que recordemos quiénes somos, aunque para ello tengamos que padecer una experiencia límite. Me gustaría recordar ahora ese pasaje del libro de los *Hechos de los apóstoles* en el que podemos asistir al momento exacto en el que san Pablo, supuestamente a caballo, tiene una especie de accidente, aunque, como todos sabemos, en el fondo lo que pasó es que tuvo un encontronazo con el Dios vivo, y, claro, todo encuentro con Cristo termina cambiando radicalmente nuestra existencia:

> «Saulo, respirando todavía amenazas y muerte contra los discípulos del Señor, se presentó ante el sumo sacerdote y le pidió cartas para las sinagogas de Damasco, con el fin de llevar detenidos a Jerusalén a cuantos encontrara, hombres y mujeres, seguidores del Camino. Pero mientras se dirigía allí, al acercarse a Damasco, de repente le envolvió de resplandor una luz del cielo. Cayó al suelo y oyó una voz que le decía:
>
> —Saulo, Saulo, ¿por qué me persigues? Respondió:
>
> —¿Quién eres tú, Señor? Y él:

—Yo soy Jesús, a quien tú persigues. Levántate, entra en la ciudad y se te dirá lo que tienes que hacer.

Los hombres que le acompañaban se detuvieron estupefactos, puesto que oían la voz pero no veían a nadie. Se levantó Saulo del suelo y, aunque tenía abiertos los ojos, no veía nada. Le condujeron de la mano a Damasco, donde estuvo tres días sin vista y sin comer ni beber» (9, 1-9).

Conversión de san Pablo, fresco en la capilla Paulina del Palacio Apostólico, de Miguel Ángel.

Ni tú ni yo vamos a descubrir la presencia de lo divino en nuestra vida de un modo tan abrupto. Pablo escucha una voz, pero no sabe de dónde viene. Quienes le rodean también parece que han sentido algo, pero están desconcertados porque no ven a nadie... Pero él no tiene dudas: percibe una presencia con los sentidos de su cuerpo, pero estos parecen no funcionar como siempre, sino que son capaces de percibir una realidad que no es material. De pronto, todo es confuso, como si se produjera un revuelo: los cielos se abren de par en par, y en la tierra todo se enreda caóticamente. Sin embargo, tras ese extraño acontecimiento, lo que se inaugura es un camino de claridad, de lucidez, de entrega incondicional. Dios no hace cosas raras y, por esa misma razón, tampoco espera que nosotros las hagamos.

Al contemplar el fresco de la conversión de san Pablo en la Cappella Paolina del Palacio Apostólico, se puede sentir la fuerza de la acción de Dios que se abre paso en el cielo y llega hasta la tierra. Miguel Ángel lo pintó en 1549 por encargo del Papa Paulo III, que había mandado construir la capilla unos años antes, en 1540, a Antonio da Sangallo el Joven. El gesto de Saulo no nos deja indiferentes. En su rostro se hace patente que está como en éxtasis: los ojos entreabiertos, la boca queriendo coger aire. Toda la expresión de su cuerpo parece querernos decir que está intentando sobreponerse a una experiencia sobrecogedora. Se lleva la mano izquierda a la frente, mientras con la derecha intenta levantarse. Uno de sus compañeros se le acerca inmediatamente para ayudarle a ponerse en pie, aunque no parece fácil, porque está como mareado. Los demás, desorientados, parecen irse cada uno por su lado, como atemorizados. Incluso uno de los que le acompañan intenta tomar al caballo por las riendas para que no se desboque.

En esa peculiar escena, lo que sucede es que los cuerpos han sufrido el envite del espíritu, y eso ha hecho que sus almas reaccionen de un modo insólito. Cuerpo, alma y espíritu interconectados. Eso es el ser humano. Pablo nos lo enseñó a lo largo de sus Cartas, y quizá lo aprendió ese día, camino de Damasco, cuando Jesús de Nazaret salió a su encuentro de un modo misterioso, porque le hizo entender que cada uno de nosotros está llamado a una plenitud que va más allá de este mundo. Nos empeñamos en vivir horizontalmente, dejamos muchas veces fuera de nuestro día a día esa dimensión vertical con la que los seres humanos descubrimos la altura y la profundidad de nuestra existencia y, entonces, todo es desorden, inquietud, inseguridad, desconfianza, tristeza... Nos embarramos hasta las cejas y perdemos de vista el horizonte que da sentido a todo lo que somos y a todo lo que hacemos.

Una consideración integral, enteriza del ser humano nos ha de hacer recuperar la confianza en nuestras capacidades. Por mucho que el enrarecido ambiente actual airee a los cuatro vientos que la Verdad no puede ser conocida, debemos empeñarnos en no perder la confianza de que somos criaturas capaces de buscar y encontrar la verdad, porque hemos sido dotados de las facultades necesarias para ello. Por mucho que se vocifere contra el Bien como algo inexistente, debemos mantener un espíritu de rebeldía que dé razón de nuestra dignidad y, por tanto, hemos de reafirmar que estamos dispuestos a luchar por una vida buena, una vida construida a partir de la virtud. Por mucho que nos quieran hacer ver que la Belleza no es más que una experiencia subjetiva, debemos reafirmar nuestro compromiso con descubrir en la realidad esos destellos de pureza y eternidad que están presentes en las cosas pequeñas de cada día. Verdad, Bien, Belleza son la visibilidad de Dios, de un Dios que sabemos y reconocemos como nuestro Creador. Por eso, tras ese encontronazo Pablo no solo descubrió la presencia de Dios, sino que en ella pudo contemplar la verdadera naturaleza humana: «que Él, Dios de la paz, os santifique plenamente, y que vuestro ser entero —espíritu, alma y cuerpo— se mantenga sin mancha hasta la venida de nuestro Señor Jesucristo» *(1 Ts 5, 23)*.

Nuestro ser entero es espíritu, alma, cuerpo. Antes de la venida de Cristo, la condición humana estaba herida, tenía una dificultad extrema para observar la Ley. Cada uno de nosotros es (σάρκινος *'sárkinos'*). ¿Qué significa esta expresión? Pablo utiliza una serie de palabras muy significativas cuando se refiere al hombre: cuerpo (σωμα *'soma'*), carne (σαρξ *'sarx'*), alma (ψυχή *'psyché'*), espíritu (πνεύμα *'pneuma'*), corazón (καρδια *'kardia'*) y mente (νους *'nous'*). Estos términos no son exactamente partes de un ser humano, sino aspectos esenciales que lo conforman, no son piezas de un puzle, sino dimensiones clave para entender lo que somos.

Cuando leemos los textos paulinos, podemos pensar que su visión es dualista, como si fuéramos un compuesto de dos elementos, como, por ejemplo, cuando utiliza la expresión «ausente en cuerpo, pero presente en espíritu» *(1 Co 5, 3)*. A la parte biológica, esa que podemos tocar y que está formada por diversos miembros, la denomina "soma": «porque así como en un solo cuerpo tenemos muchos miembros, y no todos los miembros tienen la misma función, así nosotros, que somos muchos, formamos en Cristo un solo cuerpo, siendo todos miembros los unos de los otros» *(Rm 12, 4-5)*. Al hablar de "cuerpo", es como si quisiera enfatizar la carne y los huesos, pero en realidad significa mucho más *(Rm 1, 24; Ga 1, 16; 1 Co 13, 3)*, porque la presencia de lo divino que hay en nosotros siempre es patente, como lo refrendan sus palabras: «llevando siempre en nuestro cuerpo el morir de Jesús, para que también la vida de Jesús se manifieste en nuestro cuerpo» *(2 Co 4, 10)*.

El hombre, desde luego, tiene un "soma", aún más, es "soma". No podemos concebirnos sin nuestro cuerpo, es como si en él reconociéramos eso que somos, nuestro propio yo, el sujeto que existe, que actúa en este mundo. Lo que nos da esa sensación de unidad, lo que nos permite configurarnos como un organismo único, total, complejo, pero sin fisuras, lo que nos posibilita vernos a nosotros mismos como personas es nuestro "soma". La importancia de nuestro cuerpo es tal que, aunque reconozcamos sus límites, sus debilidades, su finitud, somos incapaces de comprender nuestra existencia sin un cuerpo. Sabemos que «somos ciudadanos del cielo, de donde también esperamos al Salvador, al Señor Jesucristo, el cual transformará nuestro cuerpo vil en un cuerpo glorioso como el suyo, en virtud del poder que tiene para someter a su dominio todas las cosas» *(Flp* 3, 20-21). No nos cuesta nada en absoluto reconocer la fragilidad del cuerpo. Las enfermedades, nuestros deseos desordenados, las heridas y las cicatrices son más que huellas pasajeras, representan la imagen viva de nuestra naturaleza corpórea. El propio Cristo resucitado muestra sus manos y su costado, atravesados, desgarrados, tras haber resucitado: «le dijo a Tomás: —Trae aquí tu dedo y mira mis manos, y trae tu mano y métela en mi costado, y no seas incrédulo, sino creyente. Respondió Tomás y le dijo:

—¡Señor mío y Dios mío! Jesús contestó: —Porque me has visto has creído; bienaventurados los que sin haber visto hayan creído» (*Jn* 20, 27-29).

Es verdad que Pablo, a veces, se refiere al cuerpo en un sentido algo negativo, mostrando sus carencias y nos habla de los «deseos y pasiones del cuerpo» (*Rm* 6, 12; 8, 13), o se lamenta de un «cuerpo de pecado» (*Rm* 6, 6), incluso lo llega a presentar como un «cuerpo de humillación» (*Flp* 3, 21), y hasta se pregunta, como en un lamento sin consuelo: «¿quién me librará de este cuerpo de muerte?» (*Rm* 7, 24). En todos estos casos hay algo evidente: el "soma" está dominado bajo el poder del pecado, o de la carne.

"Sarx", carne, en algunos pasajes paulinos es sinónimo de "soma", cuerpo, de cuerpo físico. Incluso cuando utiliza la expresión "carne y sangre" lo que en realidad quiere transmitir es una idea de hombre (cfr. *Ga* 1, 16). De todos modos, una cosa está bien clara: «que la carne y la sangre no pueden heredar el Reino de Dios, ni la corrupción heredará la incorrupción» *(1 Co 15, 50)*. Nuestra condición es frágil y no solo desde el punto de vista individual, sino como humanidad. La flaqueza de nuestra carne es patente (cfr. *Rm* 6, 19) especialmente en lo físico, pero también en lo espiritual se hace visible a cada instante, porque estamos muy pegados a la tierra y se nos olvida mirar hacia el cielo, por eso nos lanza un mensaje inequívoco que nos permite mejorar, que nos recuerda que debemos estar en guardia y pelear contra aquello que nos mantiene pegados a ras de suelo: «mortificad, pues, lo que hay de terrenal en vuestros miembros: la fornicación, la impureza, las pasiones, la concupiscencia mala y la avaricia, que es una idolatría» *(Col 3, 5)*. Todas esas cosas, y algunas otras más, presentes en la condición humana pueden descaminarnos, hacernos perder el rumbo.

Nadie llega al autoconocimiento si excluye aquellas cosas que le debilitan, que le impiden alcanzar sus metas. La visión paulina es muy realista, quizá porque el pueblo judío es muy práctico, no confía en falsos idealismos, ni acepta relatos impropios del más sano sentido común. Al recordar nuestra fragilidad, reforzamos nuestra capacidad de rectificación. Al saber de las miserias de nuestra finitud, tomamos impulso para aspirar a lo más alto. Pablo es bien consciente de la diferencia entre criatura y Creador. La distancia entre el hombre y Dios es infinita: «escogió Dios a lo vil, a lo despreciable del mundo, a lo que no es nada, para destruir lo que es, de manera que ningún mortal pueda gloriarse ante Dios» *(1 Co 1, 28-29)*. Este pasaje nos recuerda con toda crudeza que no somos nada, somos lo vil, somos lo despreciable del mundo... pero, aun así, somos los elegidos de Dios. Aún más, somos hijos de Dios en el Hijo. Hasta en nuestro cuerpo de carne resplandece la filiación divina.

Por eso resulta capital sobrevolar nuestros apegos terrenales, porque si vivimos según la carne, sentimos según la carne y actuamos según la carne, dejaremos de lado otras dimensiones constitutivas. A nadie le puede sorprender nuestro apego a lo terrenal, pero nuestra vida va más allá, posee un alcance más pleno. Justamente por esta razón, ψυχή, *'psyché'* es mucho más que la mera vida animal. Psyché, siendo principio vital de la actividad biológica, es sobre todo vitalidad plena, conciencia, inteligencia, voluntad. Eso que la filosofía denominará "las potencias del alma", en san Pablo se nos presenta como la "persona viva": «el primer hombre, Adán, fue hecho ser vivo» *(1 Co 15, 45)*. No podemos, por tanto, despreciar la vida terrena, sino que tenemos que apreciarla, porque ella nos constituye. Sería un espiritualismo perverso condenar la condición natural del ser humano. La vida de la "sarx" es el primer escenario de la "psyché", es decir, el alma, el principio vital se hace visible en la carne, en el cuerpo de los seres humanos que transitan este mundo. Ahora bien, al mismo tiempo que somos seres materiales, tenemos también, "por naturaleza", una condición espiritual, que se va vislumbrando a través del conocer.

El ser humano es también νους, *'nous'*, es decir, un sujeto que conoce, que juzga. La traducción de la definición aristotélica del hombre como "animal racional" tiene una modulación peculiar en Pablo: «os exhorto, hermanos, por el nombre de nuestro Señor Jesucristo, a que todos tengáis un mismo lenguaje y a que no haya divisiones entre vosotros, a que viváis unidos en un mismo pensar y en un mismo sentir» *(1 Co* 1, 10). Nuestra capacidad de manejar el lenguaje y los sentimientos, nuestra comprensión inteligente, ese poder planificar la acción y la posibilidad de tomar decisiones, está también presente en la antropología paulina (cfr. *Rm* 14, 5).

Escuchar la voluntad de Dios que se revela en la Ley, incluso conformar nuestra propia voluntad con la de Dios, es algo que le está reservado a un ser inteligente, un ser que puede comprender lo que de Dios es posible conocer a partir de la creación y las criaturas. Nuestra comprensión no es, ni mucho menos, exclusivamente intelectual, sino que esta se amplía al ámbito de lo sensible y de las emociones. Por eso cuando en Pablo leemos la palabra "corazón" (καρδια *'kardia'*), podemos traducirla también por "mente", pues es el corazón del ser humano el que decide y quiere: «en otro tiempo, cuando no conocíais a Dios, servisteis a los que realmente no son dioses. Ahora, en cambio, que habéis conocido a Dios, mejor dicho, que habéis sido conocidos por Dios, ¿cómo es que volvéis otra vez a esos elementos sin fuerza y sin valor, a los que queréis servir de nuevo como antes?» *(Ga* 4, 8-9).

Πνεύμα, 'pneuma', espíritu… He aquí la clave de bóveda en la que se ajusta todo el despliegue de la condición humana. La persona es unidad de "soma", "pysché" y "pneuma". En este punto, naturalmente, "espíritu" no debe ser confundido con Espíritu Santo, la Tercera Persona de la Santísima Trinidad. «Dios, a quien sirvo con todo mi espíritu en la predicación del Evangelio de su Hijo, es mi testigo de cómo me acuerdo de vosotros sin cesar, pidiendo siempre en mis oraciones que, si es voluntad de Dios, algún día tenga ocasión favorable de ir donde vosotros. Porque deseo veros con el fin de comunicaros alguna gracia espiritual para que seáis fortalecidos, es decir, para que yo sea consolado con vosotros por la fe que nos es común a vosotros y a mí» *(Rm* 1, 9-12).

Lo que el espíritu nos deja entrever es otra dimensión del ser humano. Nos puede resultar complicado distinguir alma y espíritu, porque también "pneuma" nos lleva hacia el yo cognoscitivo y volitivo del hombre, pero podemos decir que el "espíritu" es quien revela nuestra capacidad de establecer una relación íntima con Dios, y en esa intimidad se supera todo acto epistemológico, porque se manifiesta una *presencia*, más que un mero acto de conocer. Esa presencia es la que nos consuela, la que nos da fortaleza, la que nos permite entender las cosas de otro modo, la que nos da la verdadera ciencia y nos hace degustar el verdadero saber, la que nos ilumina en el consejo, la que nos convierte a Dios y nos regala la piedad y el temor; esa presencia es, en definitiva, la que acoge los dones del Espíritu Santo. Nuestro espíritu es quien se las ha de ver con Dios, es nuestro *sancta sanctorum* en el que, cuando estamos en gracia, vive el Dios vivo.

LA AVENTURA DE LA SENSIBILIDAD: SENTIDOS EXTERNOS, INTERNOS Y ...

Cuerpo, alma, espíritu... Cuando nos miramos al espejo, nuestra percepción es engañosa. La imagen que nos devuelve el vidrio es limitada, tan limitada que deja fuera de campo, al menos, dos tercios de lo que somos. Cuerpo, alma, espíritu son una tríada que da razón de nuestra naturaleza. Eso que somos se manifiesta abiertamente en aquello que hacemos, en cómo lo hacemos, en cómo nos relacionamos con la naturaleza, con los demás, con eso que llamamos el mundo de la vida. Desde luego, en la perspectiva de la fe, el ser humano no solo es una criatura, un ser creado, un ser querido por su Creador, sino que ha sido re-creado por la gracia. Nuestra forma de existir no es un simple acto biológico, un efecto azaroso de una explosión originaria, es un fruto, y no un fruto cualquiera, sino uno del amor.

La vida es un don y tiene una finalidad. Quizá podríamos sintetizarla en esta otra tríada: conocer la verdad, ejecutar el bien, degustar la belleza. Verdad, Bien y Belleza han dado lugar al nacimiento de muchas ciencias que intentan esclarecer el sentido de la realidad desde enfoques muy distintos, pero todos ellos complementarios. Si nos quedamos en la esfera de las humanidades, la filosofía es la ciencia de la búsqueda enamorada de la verdad; la ética es la ciencia del descubrimiento y clarificación del bien, para que todos los seres humanos lo puedan llevar a cabo; y la estética es la ciencia que nos enseña qué es la belleza y que nos muestra por qué nos gusta lo que nos deleita. Como ese universo es casi infinito, nos vamos a centrar tan solo en una de esas tres constelaciones, la de la estética, que es tanto como embarcarse en una aventura que ha de dar razón de la sensibilidad humana, y cuya meta última es disfrutar de un encuentro privilegiado con la belleza.

Desde 1750, gracias a Alexander Baumgarten, la *Estética*, como disciplina académica, fue definida como la ciencia del conocimiento sensible cuyo objeto es la belleza. Algunos filósofos de la época mantenían sus reservas a propósito de que se pudiera establecer una *ciencia* del *conocimiento sensible*, porque, en sentido estricto, la ciencia aspira a ser un saber universal, infalible, mientras que, para muchos pensadores, el conocimiento sensible no puede acceder más que a la esfera de lo particular, y no posee las garantías suficientes de fiabilidad. Ya se ve que el asunto del conocer nos resulta absolutamente clave, porque es tanto como re-conocer que es nuestro modo propio de estar en el mundo... Pero ¿qué es conocer?, ¿cómo conocemos?, ¿qué herramientas empleamos en esa tarea que tanto nos define?

Conocer no es ni más ni menos que el modo de vivir de los humanos. A nosotros no nos vale con ir desarrollando las funciones básicas de la vida, porque aspiramos a algo más que nutrirnos, crecer o propagar la especie. Nuestra verdadera existencia está por encima del despliegue físico. Nuestra vida verdadera es experiencia, y en esa experiencia el conocer resulta fundante. Basta abrir el diccionario para encontrarse con, al menos, una decena de definiciones: unas enfatizan los aspectos sensibles de esta peculiar actividad; otras acentúan la relevancia de lo intelectual; en otras se remarca el hecho de que se trata de una actividad tan peculiar que resulta de una hibridación entre lo físico y material y lo que no es tan físico y resulta prácticamente inmaterial. Si tuviera que quedarme con una formulación sencilla, diría que conocer es poseer la realidad, sea inmaterial o intencionalmente.

La clave del conocimiento es que nos acerca, nos trae y nos lleva hasta lo real. Cuando estoy escribiendo estas páginas sentado en el bosque de Burutain y levanto la vista, lo que veo es un árbol y otro y otro y otro, y son reales, no una proyección de esos árboles. Pero claro, el hecho de conocer el bosque no supone integrarlo físicamente en mí. El conocer alimenta, pero no del mismo modo que la nutrición. Lo que conocemos es la realidad, y la forma que conocemos se identifica con la forma real, una forma que es inmaterial. Lo propio de la forma conocida es que nos lleva a lo real, remite a la realidad. A esa conectividad entre mi conocer y la realidad conocida los filósofos la denominamos intencionalidad. He aquí por qué nuestro conocer es inmaterial (formal) e intencional (nos remite a...).

Los humanos tenemos dos modos de relacionarnos con la realidad: uno físico, material; otro cognoscitivo, inmaterial. Pero, si lo examinamos con cierto detenimiento, nuestro conocer no es tan simple. Interiorizar la realidad no es algo sencillo, requiere una serie de elementos. Si conocer nos proporciona información, esta puede ser de muchos tipos: superficial o profunda, particular o general, puntual o global, aislada o combinada con otras, próxima o lejana... Es más, conocer, lo que se dice conocer, es algo muy complejo. Por esa razón hemos de concretar nuestro objetivo: el conocimiento sobre el que nos vamos a centrar en el ámbito de la estética es el más inmediato, el de tipo sensorial, el conocimiento sensible. Para que este tenga lugar, necesitamos de los sentidos, pero los sentidos son, al menos, de dos tipos: externos e internos.

Los seres humanos tenemos un modo directo de relación con la realidad, y eso es gracias a que tenemos un cuerpo. El conocimiento sensible se produce porque estoy en contacto con las cosas y recibo información de ellas. Esa información es muy diversa, de ahí que necesitemos estar dotados de diferentes dispositivos que puedan canalizar los datos, desde la realidad exterior al interior de mi cuerpo. Dos características revelan lo propio del conocer sensible: en primer lugar, es inmediato, carece de intermediarios; y, en segundo lugar, está vinculado a procesos físico-neuro-biológicos. Aunque nos parezca que la sensibilidad posee muchos perfiles —y es así— al mismo tiempo, lo propio de nuestra capacidad estética es que conforma una unidad. Los sentidos no son meros receptores cerrados o separables unos de otros, sino que se articulan de un modo complementario.

Nuestra ventana hacia la realidad, hacia eso que llamamos el mundo, la vida, ese espacio en el que podemos descubrir, conocer y disfrutar de la naturaleza, de la cultura, de las artes, es la sensibilidad externa. La estética es una teoría de la sensibilidad en la que podemos diferenciar una actividad cognoscitiva, que nos es absolutamente inmanente, y una activación orgánica, cuyo origen está más allá de nosotros mismos. Ahora bien, algo que resulta esencial para entender la clave del conocimiento es que entre el órgano (la herramienta neuro-biológica) y la facultad (la capacidad cognoscitiva) hay una unidad inseparable. Podemos distinguir entre ambos, pero enseguida nos damos cuenta de que están estrechamente relacionados: una cosa es el ojo y otra, la visión... El órgano necesita de la capacidad cognoscitiva para interpretar la información que recibe; a su vez, la capacidad cognoscitiva necesita del órgano para llegar hasta la realidad. Uno y otra se implican mutuamente.

Cuando hablamos de belleza, de lo que hablamos es de algo que hemos detectado en el exterior, a través de los sentidos, y que nos estimula una determinada sensación de agrado, de placer. O lo que es lo mismo, la primera fase de todo proceso de conocimiento arranca con el impacto físico de algún objeto de la realidad exterior en un órgano de nuestro cuerpo. Nuestro órgano se ve modificado por el estímulo físico exterior, porque entre el órgano y la realidad física existe alguna correlación. Esta debería ser una especie de premisa clara: para ser afectado por determinadas propiedades de las cosas, el órgano ha de tener una composición físico-química. Es obvio que las papilas gustativas no son capaces de percibir ondas luminosas, del mismo modo que la retina no capta ondas sonoras, naturalmente. Cada órgano está, en consecuencia, especializado.

Tras haber iniciado el proceso de estimulación física, cabe hablar de una segunda fase que consistiría básicamente en interpretar, por parte de la facultad cognoscitiva, el tipo de alteración recibida en el órgano. Si la recepción sensorial es pasiva, la interpretación es un tipo de actividad en la que la facultad se hace cargo de las propiedades del objeto. Una cosa son los estímulos sensibles y otra, las propiedades de las cosas: la composición físico-química de un limón no es un sabor, mientras no sea conocida por el sentido del gusto.

Nuestra vida se enriquece tanto con lo sensible como con lo inteligible, se despliega tanto a partir de lo material como en lo espiritual, y la estética nos enseña que todo esto arranca con los sentidos de nuestro cuerpo. De la estructura corpórea dependen nuestras capacidades superiores, plenamente humanas, y todas ellas se sustentan en el principio vital. Es el principio vital el que determina nuestro grado de vida. Las personas no somos amebas, ni nuestra vida es meramente vegetativa; ni somos plantas, ni nuestra vida es meramente sensitiva. Somos seres racionales y nuestra vida es intelectiva, y en esa vida, el conocimiento arranca en los sentidos, en los cinco sentidos externos: tacto, gusto, olfato, oído, vista.

Tacto, Brueghel y Rubens.

El *tacto* es el sentido base y se combina extraordinariamente con los demás. Es tan genérico, y su órgano, la piel, está tan extendido, que nos aporta un sin fin de informaciones, no solo las que recibimos a través de los dedos de las manos, sino otras mucho más complejas, como la mecanocepción (que nos ayuda a percibir la presión, la vibración, la tensión, el estiramiento...), la equilibriocepción (básica para percibir la orientación espacial y el equilibrio del cuerpo...), la propiocepción (la capacidad para percibir la posición del cuerpo en el espacio sin necesidad de visión...) y la interocepción (la capacidad de percibir y procesar señales internas del cuerpo...).

Para Aristóteles, como biólogo, era el sentido más sutil y desarrollado en el ser humano. Hay zonas en nuestro cuerpo cuya recepción táctil es más difusa, como la espalda, por ejemplo, pero otras poseen una altísima capacidad de discriminación. El tacto es un sentido muy material, y requiere de un contacto físico directo y, además, ejerce una modificación en el sujeto: cuando tocamos algo frío, nos enfriamos, o si lo que tocamos está muy caliente, nos quemamos...

Gusto, Brueghel y Rubens.

El *gusto* comparte con el tacto la necesidad de la inmediatez, del contacto directo con el objeto y también provoca una modificación instantánea en el sujeto. El órgano de este sentido está ubicado en las papilas gustativas de la lengua y del paladar, aunque la lengua también es capaz de distinguir sensaciones táctiles. Hay algo muy característico de este sentido y es que no funciona sin un soporte que puede pasar desapercibido: la saliva. Si no hay, no se puede dar la sensación, y si hay demasiada, esta se desvirtúa. Las cualidades básicas que distinguimos con el gusto, los sabores primarios, son cinco: dulce, salado, ácido, amargo y umami. Los mecanismos de transmisión de información gustativa son vías nerviosas que tienen una relación muy cercana con lo táctil.

Olfato, Brueghel y Rubens.

El *olfato* parece más inmaterial que el tacto y el gusto. Nos parece que no requeriría un contacto inmediato entre el órgano y la realidad, porque puede percibirse a distancia, pero, precisamente la variable espacial es relevante, porque los sentidos siempre tienen un alcance limitado, que se denomina umbral perceptivo. El olfato, además de esa cierta inmaterialidad, tiene otra característica muy especial: es un sentido con una gran capacidad evocadora.

Determinados olores nos transportan hacia experiencias que para nosotros poseen
un valor muy preciso. Si me permite el lector
la confidencia, cada vez que me encuentro
con el aroma a lavanda no puedo dejar de recordar a María Luisa, mi suegra, y automá-
ticamente me viene el recuerdo de sus ojos
rasgados y su sonrisa pilla, y de cómo, al
abrir los cajones del armario de su dormito-
rio, que había hecho mi suegro José Antonio
con sus manos de artista, toda la habitación
se convertía en un campo abierto en el que se
podía sentir el frescor de la hierba.

Oído, Brueghel y Rubens.

El *oído* nos abre un escenario perceptivo prácticamente inmaterial. Siempre se ha

considerado que, junto a la vista, son los sentidos externos superiores por su carácter más intelectual. Para poder oír las ondas sonoras han de producirse, y son algo así como el fruto que produce el movimiento. En el sonido, la duración es una variable fundamental, por eso podemos afirmar que el oído es el sentido de lo temporal por excelencia. Si los sonidos fueran puramente instantáneos no serían perceptibles.

Las cualidades sonoras son diversas y todas ellas matizan una diferencia extraordinariamente variada y multiforme. La intensidad, el ritmo, el timbre, el tono y hasta el "color" nos permiten obtener una información muy precisa y enriquecedora. Las ondas sonoras se transmiten a través del aire. En el vacío no sería posible percibir nada audible. Este hecho es tan relevante que ha condicionado la estructura de nuestro órgano, haciendo de este una especie de circuito en el que hay una serie de elementos progresivos, a través de los cuales las ondas van siendo decodificadas: la membrana timpánica, la cadena de huesecillos (con nombres tan plásticos como martillo, yunque y estribo...), hasta llegar finalmente al oído interno, denominado laberinto, con la cóclea y el sistema vestibular.

Vista, Brueghel y Rubens.

Por último, la *vista* es nuestro sentido más inmediato, casi instantáneo. Dada la velocidad de propagación de la luz, nuestra sensación es que todo acontece sin intervalos, sin pausas, sin intermediario alguno. Lo relevante en la visión, pues no es la variable tiempo, sino el espacio. Quizá la vista es el sentido privilegiado en la historia de la cultura. Las artes plásticas, en todos sus estilos, y la literatura, en todos sus géneros, han generado obras maestras que estaban expuestas ante la mirada atenta de los espectadores. Las grandes tragedias de la Antigüedad clásica, toda la historia de la pintura y, muy especialmente, la escritura han sido hitos en los que la vista ha mostrado su importancia para configurar la vida de la humanidad. Además, la visión ha sido siempre la metáfora más empleada para hacer de la experiencia sensorial conocimiento: "ver" es "entender". De ahí su lugar de preferente en el ámbito sensorial.

Más allá de estas puertas abiertas a la realidad exterior, más allá de estos sentidos externos, también existen los denominados sentidos internos. Si los sentidos externos se dedican a recopilar y a captar datos, los sentidos internos son los encargados de elaborar toda la información necesaria para ejecutar nuestros actos. En la unión de ambos sentidos podemos elaborar nuestras conductas con más criterio. El conocimiento sensible externo es más bien fragmentario, disperso, diverso. Sin embargo, gracias a los sentidos internos podemos configurar la experiencia de un modo más sintético, más estable, más organizado, más unificado. La experiencia externa nos permite entrar en contacto con la realidad. Gracias a los sentidos internos podemos integrar y organizar toda la información derivada de los sentidos externos.

Se suelen distinguir en los sentidos internos aquellos que son formales y aquellos que son intencionales; y también aquellos que captan información y aquellos que la conservan. Al combinar ambas distinciones, obtenemos cuatro variaciones que dan como resultado los cuatro sentidos internos de los que disponemos los seres humanos: el sentido común, la imaginación, la estimativa y la memoria.

El *sentido común*, también llamado *percepción*, es una instancia sensible capaz de organizar las sensaciones externas. Todo el caos de datos de los sentidos externos es unificado en la percepción, de tal manera que las sensaciones externas se combinan, se asocian. La vista no ve que ve, ni el olfato huele que huele, pero el sentido común es capaz de reconocer la actividad de los sentidos externos. Lo propio del sentido común es que se hace cargo de la variedad de informaciones múltiples, es capaz de conectar unas con otras y, además, es consciente del ejercicio de las operaciones que ejecuta. Si tuviésemos que describir en tres palabras la percepción, podríamos decir "captación", "coordinación", "síntesis". En lo estético, tan relevante son las partes como el todo, el análisis y la síntesis, el detalle y el conjunto.

La *imaginación* no capta, como el sentido común, sino que conserva. La experiencia unificada en la percepción es preservada por la imaginación. Este sentido interno establece una conexión estable entre las formas captadas, pero también posee otra capacidad extraordinaria: establece generalizaciones, y, por si esto fuera poco, puede ampliar las formas en virtud de una habilidad combinatoria. La imaginación reelabora contenidos a partir de las impresiones recibidas. Es capaz de reproducir lo recibido y, además, generar nuevas posibilidades. Las imágenes que engendra este sentido interno son una síntesis de la experiencia. En tres palabras, la imaginación "conserva", "conecta", "crea". La estética necesita de la imaginación para guardar una especie de catálogo de imágenes, pero sobre todo para interconectarlas entre sí, haciendo posible la magia de la creatividad.

La *estimativa* es un sentido interno, una facultad sensible que capta si algo conviene o resulta nocivo para la propia naturaleza de una realidad material y concreta. La estimativa no es una facultad con carácter universal, porque su alcance es lo sensible, pero se parece un poco a la razón, en la medida en que es capaz de establecer valoración práctica, por eso se denomina también a este sentido interno *cogitativa*. Esta facultad posee un sentido práctico que orienta nuestro comportamiento, y nos permite discernir si algo nos beneficia o nos perjudica. La estimativa conecta el conocimiento con la emoción y la acción. De ese modo, nuestra conducta es mucho más coherente. Lo que define esta facultad es captar lo valioso, orientar la acción y adquirir experiencia. Una de las claves de lo estético es que la experiencia esté bien fundada y relacionada con los sentimientos y las emociones. Así pues, estamos ante algo extraordinariamente propio del hombre, que le diferencia de cualquier otra criatura.

La *memoria* es el sentido interno más complejo. Los contenidos conservados en la imaginación son representados en la memoria. Además, implica una valoración precisa de los datos representados. Pero las dos grandes potencialidades de este sentido interno son que, por un lado, nos permite entrar en relación con la experiencia conservada, es decir, nos permite conectar con el pasado; y, por otro, entronca directamente con las emociones. El pasado y las emociones son algo constitutivo para la vida humana. Buena parte del valor de lo estético radica en su potencial emocional, y esto configura la existencia cotidiana, porque la memoria conserva la experiencia vivida y nos permite aventurar la creación de nuevas posibilidades inexploradas.

Los seres humanos, cuerpo, alma, espíritu, somos el viviente por excelencia, quizá somos la criatura más delicada del universo, aunque, a día de hoy, vivimos en un contexto tan apegado a las cosas, tan fisicalista, tan atado a lo experimental que todo saber parece tener como límite la materia. Incluso hablar de espíritu, para aquellos que ejercen un credo materialista, es poco más que un desvarío, una herejía de esa fe que defiende que nada inmaterial puede existir. Las funciones y operaciones del cuerpo, aunque sean complejas, van siendo conocidas cada vez con mayor precisión. La operatividad de la mente, la plasticidad y la potencia del cerebro han querido suplantar eso que en la filosofía clásica se denominaba las potencias del alma. Pero el espíritu... querer profundizar en el espíritu, nos abre un horizonte que exige una especie de salto sin red. Y eso da mucho vértigo, sobre todo a aquellos que no están dispuestos a abandonar ciertas ideas acerca de lo que es la realidad.

Un último apunte. Nos han acompañado a lo largo de este capítulo las tablas pintadas entre 1617 y 1618 por Jan Brueghel el Viejo y Peter Paul Rubens, que representan la alegoría de los cinco sentidos. A día de hoy, los sentidos externos son órganos del cuerpo; los sentidos internos son funciones del cerebro. Aun así, el arte siempre nos puede abrir nuevos horizontes más allá de la materia. Si somos cuerpo, alma y espíritu, y hay sentidos corporales (externos) y potencias del alma (sentidos internos), surge una pregunta radical: ¿es posible hablar de sentidos espirituales? Si los hay, ¿cuál es su origen? En una formulación directa, podemos decir, con sencillez, que los sentidos espirituales existen, funcionan, son operativos... son un don... son otro de los modos en los que nuestra condición humana muestra su genealogía más originaria, su genética más precisa.

San Anselmo en su *Proslogion* va a ser nuestro aval. Basta recordar sus hermosas palabras: «todavía te ocultas a mi alma, Señor, en tu luz y bienaventuranza; y por eso se bate ella todavía en sus tinieblas y en su miseria. Pues mira en torno a sí y no ve tu belleza. Escucha, y no oye tu armonía. Olfatea, y no percibe tu aroma. Saborea, y no reconoce tu sabor. Palpa, y no siente tu suavidad. En ti tienes estas cosas, Señor, de un modo inefable, que es propio tuyo; y a las cosas creadas por ti se las has dado de modo sensible, que es propio de ellas; pero los sentidos de mi alma se han endurecido, se han embotado, se han obstruido por la antigua flaqueza del pecado» (XVII). Para un creyente, todo comienza y termina en Dios, todo nace de Él y en Él culmina. Si la Belleza es algo, es encuentro, disfrute, misericordia. Así que ¿por qué no rastrear estéticamente esos sentidos espirituales?

VIVIR A LA ESCUCHA:
SHEMA ISRAEL...

Nuestro mundo está lleno de ruidos. Oír, oímos muchas cosas, aunque no queramos... Pero oír no es escuchar. En este caso, la diferencia entre el sentido externo, el interno y el espiritual manifiesta diferencias peculiares. Lo propio del sentido externo es el oír, que es mecánico, automático. Lo propio del sentido interno es organizar eso que hemos percibido, pero materialmente es lo mismo, lo que cambia es nuestra actitud, porque nos hacemos conscientes del sentir y queremos depurar la información. Sin embargo, en el sentido espiritual el oír se transforma en escucha. Esta escucha es atenta porque "aquello" que "escuchamos" no es un producto de la física, como las ondas sonoras generadas por el movimiento de un objeto, sino que es Dios mismo. Escuchar es uno de los comportamientos más cualificados que puede desplegar un ser humano. No es nada fácil. Requiere atención, dedicación, interés, respeto... es un acto literal y esencialmente metafísico.

En sus *Sermones sobre el Cantar de los Cantares,* san Bernardo de Claraval nos recuerda: «el oído ha sido la primera puerta por la que entró la muerte y será la primera en abrirse a la vida; el oído, que nos dejó ciegos, nos devolverá la vista; porque si no creemos, no comprenderemos» (28, 5). Nuestra perdición comenzó no con la postmodernidad ni con el relativismo contemporáneo ni con la llegada de las ideologías que falsean los orígenes y el despliegue de la naturaleza humana, sino mucho antes: al dejar de escuchar a Dios y prestar nuestro oído a las palabras mentirosas y torticeras del diablo. Sí, hemos de remontarnos al Jardín del Edén, a ese momento que tan delicadamente relata el libro del *Génesis* en el que desatendemos el único precepto que Yahvé ha presentado a Adán y Eva cuando les describe todas las excelencias de una creación que tiene en el ser humano su cumbre. La escena es bien conocida, pero merece la pena volverla a *escuchar* una vez más:

La serpiente era el más astuto de todos los animales del campo que había hecho el Señor Dios, y dijo a la mujer:

—¿De modo que os ha mandado Dios que no comáis de ningún árbol del jardín? La mujer respondió a la serpiente:

—Podemos comer del fruto de los árboles del jardín; pero Dios nos ha mandado: «No comáis ni toquéis el fruto del árbol que está en medio del jardín, pues moriríais».

La serpiente dijo a la mujer:

—No moriréis en modo alguno; es que Dios sabe que el día que comáis de él se os abrirán los ojos y seréis como Dios, conocedores del bien y del mal.

La mujer se fijó en que el árbol era bueno para comer, atractivo a la vista y que aquel árbol era apetecible para alcanzar sabiduría; tomó de su fruto, comió, y a su vez dio a su marido, que también comió. Entonces se les abrieron los ojos y conocieron que estaban desnudos; entrelazaron hojas de higuera y se las ciñeron. Y cuando oyeron la voz del Señor Dios que se paseaba por el jardín a la hora de la brisa, el hombre y su mujer se ocultaron de la presencia del Señor Dios entre los árboles del jardín (3, 1-8).

Pretender ser como dioses nos ha traído la sordera sobrenatural, que no es otra cosa que el efecto de una soberbia indómita, tan difícil de controlar. En el fondo, la raíz de todo fracaso es dejar de escuchar la voz de Dios y pretender acallarla bajo la nuestra. Cuando antepongo mi voz a todo lo demás, no soy consciente de que puedo dejar de acoger una palabra más fuerte, más veraz, más amorosa que la mía. Cuando pienso que estoy en mi propio paraíso y que, además, estoy en él por mis propios y exclusivos méritos, las interferencias comienzan a ser constantes, y surgen los malentendidos, y se quiebra mi relación con la realidad, hasta que, finalmente, nada tiene sentido. Resulta trágico reconocerlo, pero los seres humanos, con más frecuencia de lo que podría ser deseable, nos acomodamos en nuestras ciénagas, perdiendo nuestra carta de ciudadanía del Paraíso. Y eso sucede desde que el hombre es hombre.

Pero volvamos por un momento a esa escena edénica. Deberíamos poner nuestros cinco sentidos en algunas cuestiones básicas que aparecen en este texto bíblico: el enemigo, la serpiente, no es un rival fácil, es el más astuto de los animales; emplea habitualmente la mentira como instrumento para embaucar, convencer y vencer a quienes entran en diálogo con él; además, hay un detalle sensorialmente muy significativo: el diablo dice literalmente a Eva que, si comen del árbol prohibido, se les abrirán los ojos... Es como si Adán y Eva pudieran escuchar a Dios, porque tienen oído sobrenatural, pero no pudieran verle, es decir, la presencia de la divinidad es tan fuerte y al mismo tiempo tan sutil que toda su acción en el mundo se hace tan patente como su palabra, y aun así, podemos, con toda libertad, ignorarla, descuidarla, desobedecerla.

Escuchar las palabras de Yahvé es algo connatural al ser humano. Eso debería ser para cada uno de nosotros un motivo de orgullo y de alegría, porque, siendo como somos, Dios mismo nos ha elegido como interlocutores. Cuando me imagino el Jardín del Edén y a Adán y a Eva en él, siempre los veo juntos, felices, trabajando y conservando un lugar especial que su Padre les regaló en herencia, como si cada uno de nosotros recibiera una casa preciosa con un jardín lleno de flores y con frutales aromáticos. Todo lo que había en ese paraíso, lo dice la Escritura, era "agradable", "apetecible". La primera pareja charlaría de sus asuntos, disfrutaría de las pequeñas cosas de cada día, como cuando se vive en amor, como cuando se vive en belleza. Hablarían con el Creador, a esa hora de la tarde en la que cae la brisa, y le contarían las novedades del jardín, sus inquietudes, sus deseos...

Si todo eso era, exactamente, vivir en la gloria, ¿por qué dejamos de atender la voz de Dios?, ¿por qué le damos la espalda a quien nos ha creado por amor?, ¿por qué le hacemos caso al primero que nos sale al encuentro y le damos crédito, y anteponemos su dudosa oferta cuando, además, eso que nos cuenta, sabemos que es falso? No hay que remontarse hasta el origen de los tiempos para comprobar que la fragilidad humana es estructural. Ahora bien, una cosa es que seamos frágiles y otra muy distinta, que seamos desagradecidos. Algunas veces, me parece claro que la primera razón de la caída del ser humano, antes que la soberbia, es la ingratitud. En muy pocas ocasiones nos paramos a ver lo que nos rodea, lo que nos ha sido dado, lo que tenemos a mano y que no es fruto de nuestro esfuerzo ni de nuestro trabajo, sino que nos ha sido regalado por otros, por nuestros padres, por nuestros amigos, por nuestros hijos, por nuestros compañeros de trabajo y, por supuesto, por Dios.

La soberbia es como un terrible y constante martilleo en el yunque del corazón que termina por hacer que desaparezca todo lo que no soy yo, yo, yo... La ingratitud es una renuncia expresa a la gracia, a dar gracias, a recibir gracias, a vivir dando gracias, porque, a poco que reflexionemos, nos damos cuenta de que eso que llamamos "vida" nos viene grande: ni nos la podemos dar ni es lícito que acabemos con ella, de ningún modo. Así que, haciendo balance de situación, podemos aclarar que, en efecto, los seres humanos vinimos al mundo con un sentido espiritual que podemos denominar "escucha" o, lo que es lo mismo, nuestro espíritu podía oír nítidamente la voz de Dios en nuestro corazón, oír su voz y comprender que lo que hacía por nosotros era lo mejor que uno podría imaginarse: nos dio la vida, un lugar donde hacerla crecer, y una plenitud de capacidades físicas e intelectuales. Eso sí, esa vida plena nos duró muy poco, no por culpa de quien nos puso en Edén, ni siquiera por culpa del astuto y perverso ser que nos salió al encuentro, sino por nuestra propia falta de gratitud. Al poco de ser creados nos olvidamos de agradecer cada día lo que éramos, y comenzamos a querer ser lo que no somos. Nos cansamos de los planes de Yahvé, y comenzamos a hacer los del diablo. A la ingratitud y a la soberbia, también podríamos añadir la estupidez, no cabe duda. Nos cansamos de Dios muy pronto, pero afortunadamente Dios no se ha cansado de nosotros. Eso nos salva...

Si el único mandato que recibimos fue desoído, y ese hecho nos causó ser expulsados de nuestra morada originaria, la consecuencia es que empezamos a vivir a la deriva, perdimos el rumbo, nos desorientamos. Desorientarse es, al pie de la letra, perder el "oriente". Esa expresión común refleja con toda precisión geográfica el hecho de que nos hemos despistado de nuestra primera casa, porque «plantó Yahvé un jardín en Edén, al oriente» *(Gn* 2, 8). Una de las grandes consecuencias físicas de que el oído no funcione adecuadamente es que no nos podemos tener en pie, porque el vértigo nos vapulea. El mareo, y especialmente el vértigo, es una buena imagen de la sordera espiritual. La sensación vertiginosa es muy desagradable, porque puede provocar náuseas, sudoración extrema, vómitos, pérdida de equilibrio. El equivalente espiritual es que el ser humano experimenta la pérdida de su lugar en el mundo. Pero un buen Padre no descuida a sus hijos, nunca, aunque estos le hayan desobedecido a la cara.

Por eso, tras esa primera ley incumplida, tras esa primera norma desoída, con el fin de restablecer las relaciones, Dios quiso salir a nuestro encuentro, no para engañarnos, sino para devolvernos a nuestro estado de salud original. Haber perdido el oído sobrenatural fue letal, por eso Yahvé ejerció, en esta ocasión, como el primer otorrino de la historia, y lo hizo en el corazón de la *Toráh*, en el Antiguo Testamento. Las palabras del *Deuteronomio* son solemnes. En ellas podemos comprobar cómo en la tradición ju-

deocristiana la escucha es casi un mandato
divino:

Estos son los mandamientos, leyes y normas que el Señor, vuestro Dios, ordenó en-
señaros para que los pongáis por obra en
la tierra a la que vais a pasar y tomar en
posesión, a fin de que temas al Señor, tu
Dios, y guardes todas sus leyes y mandamientos que yo te he ordenado, tú, tu hijo
y el hijo de tu hijo, durante toda tu vida, y
así se prolonguen tus días. Escucha, pues,
Israel, y esmérate en cumplir lo que te
hará feliz y muy numeroso en una tierra
que mana leche y miel, según te anunció
el Señor, Dios de tus padres.

Escucha, Israel: el Señor es nuestro
Dios, el Señor es Uno.

Amarás al Señor, tu Dios, con todo tu
corazón, con toda tu alma y con todas tus
fuerzas.

Que estas palabras que yo te dicto hoy
estén en tu corazón. Las repetirás a tus
hijos, y hablarás de ellas cuando estés
sentado en casa y al ir de camino, al acostarte y al levantarte. Las atarás a tu mano
como un signo, servirán de recordatorio

ante tus ojos. Las escribirás en las jambas de tu casa y en tus portones (6, 1-9).

Relieve con el *Shema Israel*.

Uno tiene la sensación de que todo se detiene, experimenta una especie de *silencio interior* que hace posible que cada una de estas palabras *resuene* con una *fuerza inaudita*. Quien habla es nada más y nada menos que Dios mismo, y se dirige a su pueblo, y en él, a ti y a mí también. En ese *escucha, Israel* está la humanidad entera. Dios es uno. Uno solo es Dios y nos habla, y nos dice que cumplamos sus mandatos, no para ejercer una voluntad de poder ni para hacernos superhombres, sino porque en hacer lo que Él nos dice encontraremos nuestra felicidad. Sabe lo que nos gusta, lo que necesitamos, lo que deseamos, nos quiere, nos quiere felices, por eso su palabra nos busca una y otra vez, y no se cansa de hablarnos, de susurrarnos en lo más íntimo, aunque es muy consciente de que somos duros de oído. Tal vez por eso nos hace algunas recomendaciones prácticas: esas palabras que vienen de lo alto hemos de guardarlas en el corazón; hemos de repetírselas a nuestros hijos; hemos de tenerlas presentes no solo en el Templo, sino en todo momento, acostados y levantados, en casa y en camino, cuando estamos con nuestros amigos o cuando trabajamos; y hasta nos sugiere que las escribamos en las puertas de nuestros hogares.

La historia de la humanidad es en parte la historia de una extraordinaria sordera voluntaria en la que los seres humanos hemos elegido casi siempre escucharnos a nosotros mismos, incluso nos hemos intentado convencer de que eso nos hacía mejores, más autónomos, más auténticos, más poderosos, más libres... Pero basta con escuchar los relatos de las grandes hazañas y batallas, basta con analizar la infinidad de guerras y conflictos políticos, para darnos cuenta de que eso que llamamos independencia y progreso no pocas veces han colisionado contra lo más identitario de nuestra condición humana. Nos ha encantado señorear la tierra, dominar a nuestros semejantes, explotar hasta la extenuación los recursos naturales, levantar imperios, y todo eso no nos ha hecho mejores ni más felices.

De uno u otro modo, durante miles de años seguimos sordos, seguimos desoyendo lo que de verdad nos hace bien. Afortunadamente, nuestro Padre tenía un plan, el mismo plan desde el principio: no dejarnos solos, no abandonarnos a nuestras propias veleidades, acompañarnos, estar a nuestro lado, estar junto a nosotros atravesando las barreras entre lo material y lo inmaterial. El plan de Dios, el plan infalible de Dios fue enviar a su propio Hijo. El plan de Dios fue la encarnación de Cristo. El plan de Dios fue contar con una mujer para que su Hijo tomara nuestra carne y entregara su vida por nosotros, por nuestra sordera.

La curación del sordomudo,
de Bartholomeus Breenberg.

Dios creó el mundo por su Palabra, y su Palabra se hizo carne ("sarx") y habitó entre nosotros. Jesús vino al mundo para hacer resonar en nosotros, una y mil veces más, las palabras de su Padre. Gracias a la voz de Jesús de Nazaret volvemos a escuchar la voz de Dios en nuestros corazones. Todos los seres humanos recuperamos el oído el día en que, en la Decápolis, el sordomudo fue sanado: en aquel momento, Jesús puso sus dedos en las orejas de aquel hombre, y ahora las pone en las tuyas y en las mías.

Podemos revivir ese momento, si lo *escuchamos* en el Evangelio de Marcos:

De nuevo, salió de la región de Tiro y vino a través de Sidón hacia el mar de Galilea, cruzando el territorio de la Decápolis. Le traen a uno que era sordo y que a duras penas podía hablar y le ruegan que le imponga la mano. Y apartándolo de la muchedumbre, le metió los dedos en las orejas y le tocó con saliva la lengua; y mirando al cielo, suspiró, y le dijo:

—*Effetha* –que significa: «Ábrete».

Y se le abrieron los oídos, quedó suelta la atadura de su lengua y empezó a hablar correctamente. Y les ordenó que no se lo dijeran a nadie. Pero cuanto más se lo mandaba, más lo proclamaban; y estaban tan maravillados, que decían:

—Todo lo ha hecho bien, hace oír a los sordos y hablar a los mudos (7, 31-37).

No es difícil reconocer estas palabras en la tabla de *La curación del sordomudo* de Bartholomeus Breenberg que pintó en 1635 y que hoy podemos ver en el Museo del Louvre. Entonces y ahora, allí y aquí, cada vez que ponemos nuestra vida en las palabras de Jesús, volvemos al Jardín del Edén, volvemos a poder conversar con ese Dios al que le gusta salir a nuestro encuentro al atardecer con esa brisa suave de Edén, en el quehacer menudo de las cosas pequeñas de cada día. Sí, en todo eso que es tan cotidiano, cuando lo hacemos por amor, se escucha nítidamente el eco de la voz de Dios que nos dice: no te canses, estoy contigo; no lo dejes, estoy contigo; no lo olvides, estoy siempre contigo...

LA PUREZA DE LA PIEL:
LA CURACIÓN DEL LEPROSO

El tacto nos permite sentir las diferentes texturas de los objetos del mundo y también saber si algo está frío o caliente. Gracias a este sentido, nuestra relación con la realidad es directa, y la información que nos aporta es extraordinaria. En la historia de la filosofía, ha sido considerado un sentido secundario. La vista y el oído han sido los preferidos de los pensadores. Pero ¿quién puede negar el placer que todos experimentamos cuando alguien nos toma de la mano y amablemente nos saluda, o aún más, cuando recibimos una caricia cariñosa, o cuando un amigo, en una situación dolorosa, nos envuelve en su propio cuerpo al darnos un abrazo? Entrar en contacto directo con otro ser humano a través del tacto es un privilegio que la naturaleza nos ha concedido como un gesto excepcional. Ante el tacto no hay barrera alguna, toda defensa desaparece, estamos expuestos a eso que no somos.

Si vamos un poco más allá de lo sensible, el tacto espiritual nos permite algo único, impensable: tocar la presencia de Dios, aún más, nos permite sentir que tocamos lo divino, que somos tocados por Él, que estamos siempre en sus manos. Nuestra relación comenzó el día en que nacimos y será para siempre, hasta el final de los tiempos. Desde los instantes mismos de la creación, el Creador nunca nos ha dejado solos. Su presencia ha sido y sigue siendo constante, porque en ningún momento se desentiende de su obra. La engendra y la mantiene, la cuida y la restaura si esta se agrieta. La relación entre el Creador y la criatura es constante, porque en Su capacidad de amar jamás hay merma, jamás hay pérdida, por eso van siempre de la mano. Sí, es Su mano la que nos guía, es Su dedo el que nos va mostrando el sendero seguro. Su diestra es poderosa, por eso mantenernos en sus manos es sabernos a salvo de todo mal, limpios de todo el barro del camino. Su brazo nos sostiene.

Parece increíble, pero todo lo que nos rodea, todo eso que tenemos al alcance, ha salido de las manos de Dios. El artista francés Auguste Rodin hizo una serie de obras en mármol en las que celebraba el poder creador de las manos de Dios, al que comparaba con un escultor, y confesaba: «Todo es bello. El modelado es solo uno. Dios lo ha hecho para reflejar la luz y retener la sombra. Es la mano de Dios. Sale de la roca, del caos, de las nubes. Tiene el pulgar de un escultor. Sostiene el barro y con esto crea a Adán y a Eva».

La mano de Dios, Rodin.

En *La mano de Dios,* Adán y Eva están a medio salir de las entrañas de Yahvé, como quien está en el útero materno: seguros, tranquilos, serenos, con la confianza de estar a salvo de todo peligro. Es fascinante observar cómo la pulida mano del Creador emerge del bloque de mármol que parece amorfo, agreste, inhóspito y, sin embargo, alberga en su interior una fuerza incalculable. Quizá estamos ante un guiño en el que el artista francés recuerda al maestro de los maestros de los escultores de todos los tiempos: Miguel Ángel Buonarroti. El italiano tenía una especial habilidad para combinar en una misma pieza lo perfecto y lo inacabado, la fuerza radical de la materia más ruda y la pureza de la forma más fina.

Tú y yo somos poco más que barro y eso debe situar nuestra vida a ras de tierra, pero al mismo tiempo podemos presumir de haber salido de las manos de un Dios creador, y por eso nuestro horizonte está en lo alto. Si nuestras propias manos saben tocar, pueden sentir, son capaces de agarrar, hasta tienen la delicadeza de acariciar o tocar un instrumento musical, qué podemos pensar de las de Dios... Rodin sabía que sin la vida el arte desaparece, pero en el caso del Creador, todo se torna mucho más radical: son sus manos las que hacen nacer al ser humano, son sus dedos los que moldean la vida.

Cuando el Señor Dios hizo tierra y cielo, aún no había en la tierra ningún arbusto silvestre, y aún no había brotado ninguna hierba del campo –pues el Señor Dios no había hecho llover sobre la tierra ni había nadie que trabajara el suelo–, pero un manantial brotaba de la tierra y regaba toda la superficie del suelo. Entonces, el Señor Dios formó al hombre del polvo de la tierra, insufló en sus narices aliento de vida, y el hombre se convirtió en un ser vivo (*Gn* 2, 4-7).

Nuestra piel es uno de los órganos privilegiados para sentir la vida, para comprobar que entre el hombre y el mundo, a veces, las distancias desaparecen y, en ese momento, somos uno con la realidad. Nos expone a lo absolutamente otro que no somos, pero, además, nuestro tacto espiritual nos lleva más allá de lo tangible. A veces, lo que nos rodea nos parece indómito, caótico, como ese bloque rugoso desde el que emerge el poder creador de una mano que todo lo conforma, y, entonces, como en un gesto leve, somos creados. Esa delicadeza sutil hace de nuestro nacer un acto de amor.

La belleza es la presencia táctil de la divinidad, que se nos muestra, que se revela, que levanta su velo para ser tocada sin ser profanada. El tacto espiritual es un don por el que se traspasa la frontera de lo material hacia las entrañas de lo inmaterial. Las casi veinte mil terminaciones nerviosas sensoriales de nuestra mano enmudecen ante el contacto con Dios, porque paradójicamente nosotros, que hemos salido de sus manos, podemos tenerle en las nuestras, porque el amor de Padre que nos tiene es tal que no renuncia a ser acariciado por sus hijos. La belleza es la ternura de Dios para con sus hijos.

Aunque nos parezca imposible, nuestra corporeidad, nuestra materialidad es un fiel reflejo de nuestra esencia. Nuestro cuerpo no solo transmite una imagen externa de lo que somos, sino que, muchas veces, lo que revela es lo que somos interiormente. La frontera entre lo interior y lo exterior, la línea que separa nuestra interioridad del mundo es, al mismo tiempo, tan fina y tan robusta como nuestra propia piel. Pero ¿y si nuestra piel está herida porque padece una enfermedad?

En la Antigüedad, uno de los estigmas más demoledores era el que padecían los leprosos. La lepra era una enfermedad bien conocida en la India, en China, en Egipto. Como sabemos es una enfermedad infecciosa crónica que afecta a la piel, a los nervios periféricos y a la mucosa de las vías respiratorias y los ojos. No es difícil que cause ciertas discapacidades neurológicas o incluso ceguera, y tampoco es infrecuente que provoque deformaciones severas en el rostro y en las extremidades. El matiz que en la cultura semítica resulta fundamental es que comporta una impureza de carácter ritual. Esto suponía que todo leproso debía de ser apartado de la convivencia ordinaria, es decir, todo enfermo de lepra era un marginado radical, un ser descartado por todos y para siempre.

La impureza del leproso, la destrucción de su piel era considerada, mucho más que como una infección biológica, como un símbolo de pecado. El leproso es el pecador abyecto, ese que no tiene remedio, que debe ser apartado sin piedad, ese que no merece consideración ni misericordia. Su lepra es la visibilidad de su condenación espiritual, ese deshacerse de la piel no es más que la imagen de un castigo o de una culpa. Nadie en su sano juicio que se encontrara frente a frente con un leproso le atendía, sino que salía huyendo en la dirección opuesta para no ser contagiado, para no ser declarado impuro. Todo esto era escrupulosamente así, hasta que Jesús nos hizo sentir que, de un modo u otro, todos somos un poco leprosos, todos necesitamos purificarnos, porque todos estamos heridos por el pecado, y eso ha hecho que nuestra piel se desprenda de nuestro cuerpo, como si tuviéramos lepra.

Para ser curados de esta dolencia tan escandalosa, el procedimiento es absolutamente sencillo: basta con pedir auxilio a Aquel que nunca nos deja, ni siquiera cuando nuestro cuerpo se cae a cachos, ni siquiera cuando para los demás estamos perdidos, no tenemos remedio, estamos desahuciados. El mosaico bizantino de la Catedral de Monreale (s. XII) y el evangelio de Marcos son testigos del poder curativo de la mano de Jesús:

Vino hacia él un leproso que, rogándole de rodillas, le decía:

—Si quieres, puedes limpiarme.

Y, compadecido, extendió la mano, le tocó y le dijo:

—Quiero, queda limpio.

Y al instante desapareció de él la lepra y quedó limpio. Enseguida le conminó y le despidió. Le dijo:

—Mira, no digas nada a nadie; pero anda, preséntate al sacerdote y lleva la ofrenda que ordenó Moisés por tu curación, para que les sirva de testimonio.

Sin embargo, en cuanto se fue, comenzó a proclamar y a divulgar la noticia, hasta el punto de que ya no podía entrar abiertamente en ninguna ciudad, sino que se quedaba fuera, en lugares solitarios. Pero acudían a él de todas partes (*Mc* 1, 40-45).

Mosaico bizantino, catedral de Monreale.

Entre los grandes desafíos de nuestra época está entender la importancia de la corporeidad. Paradójicamente hoy, cuando los avances en las ciencias de la salud nos han hecho conocer mejor que nunca la biología y la bioquímica de nuestro cuerpo, hemos perdido de vista su sentido. La clave de la curación del leproso es doble. Por un lado, el enfermo pide humildemente ser curado: *si quieres, puedes limpiarme*. Y, por otro, Jesús se compadeció de él, extendió su mano, le tocó y le dijo: *Queda limpio*. Humildad y compasión dos caricias del tacto espiritual...

Tocar o ser tocado por Dios. De aquí arranca el poder de este sentido espiritual, porque nos cambia el día a día, nos devuelve la paz y la alegría, nos sana el cuerpo, nos devuelve la vida. De la importancia de este sentido espiritual nos da noticia el relato del evangelio de Marcos cuando nos cuenta, uno tras otro, el efecto que provoca tocar o ser tocado por Jesús:

> tras cruzar de nuevo Jesús en la barca hasta la orilla opuesta, se congregó una gran muchedumbre a su alrededor mientras él estaba junto al mar.
>
> Viene uno de los jefes de la sinagoga, que se llamaba Jairo. Al verlo, se postra a sus pies y le suplica con insistencia diciendo:
>
> —Mi hija está en las últimas. Ven, pon las manos sobre ella para que se salve y viva. Se

fue con él, y le seguía la muchedumbre, que le apretujaba.

Y una mujer que tenía un flujo de sangre desde hacía doce años, y que había sufrido mucho a manos de muchos médicos y se había gastado todos sus bienes sin aprovecharle de nada, sino que iba de mal en peor, cuando oyó hablar de Jesús, vino por detrás entre la muchedumbre y le tocó el manto –porque decía: «Con que toque sus ropas, me curaré»–. Y de repente se secó la fuente de sangre y sintió en su cuerpo que estaba curada de la enfermedad. Y al momento Jesús conoció en sí mismo la fuerza salida de él y, vuelto hacia la muchedumbre, decía:

—¿Quién me ha tocado la ropa? Y le decían sus discípulos:

—Ves que la muchedumbre te apretuja y dices: «¿Quién me ha tocado?».

Y miraba a su alrededor para ver a la que había hecho esto. La mujer, asustada y temblando, sabiendo lo que le había ocurrido, se acercó, se postró ante él y le dijo toda la verdad. Él entonces le dijo:

—Hija, tu fe te ha salvado. Vete en paz y queda curada de tu dolencia.

Todavía estaba él hablando, cuando llegan desde la casa del jefe de la sinagoga, diciendo:

—Tu hija ha muerto, ¿para qué molestas ya al Maestro? Jesús, al oír lo que hablaban, le dice al jefe de la sinagoga:

—No temas, tan solo ten fe.

Y no permitió que nadie le siguiera, excepto Pedro, Santiago y Juan, el hermano de Santiago. Llegan a la casa del jefe de la sinagoga, y ve el alboroto y a los que lloraban y a las plañideras. Y al entrar, les dice:

—¿Por qué alborotáis y estáis llorando? La niña no ha muerto, sino que duerme.

Y se burlaban de él. Pero él, haciendo salir a todos, toma consigo al padre y a la madre de la niña y a los que le acompañaban, y entra donde estaba la niña. Y tomando la mano de la niña, le dice:

—*Talitha qum* —que significa: «Niña, a ti te digo, levántate».

Y enseguida la niña se levantó y se puso a andar, pues tenía doce años. Y quedaron llenos de asombro. Les insistió mucho en que nadie lo supiera, y dijo que le dieran a ella de comer *(Mc 5, 21-43)*.

La confianza de la mujer en el poder del Maestro es "ciega", tan solo desea *tocar su manto*, ni siquiera aspira a entrar en contacto directo con el cuerpo de Cristo. Sabe a ciencia cierta que, en cuanto toque la orla de su manto, quedará sana, terminarán todos los años de dolencias y sufrimientos. No se considera digna de tocar a Jesús, porque, según la tradición judía, una mujer en sus circunstancias tornaba impuro todo aquello que tocara. Se acerca a Él, como escondida entre la muchedumbre, como para no ser notada, como para hacer imperceptible ese contacto mínimo de su mano con el manto. Instantáneamente, ella se sintió curada, cesó la hemorragia. Y, al mismo tiempo, Jesús percibió la energía que había salido de su cuerpo, como haciéndonos notar que entre ambos se había establecido un lazo único: a la fuerza de la fe, al contacto por la fe, Jesús corresponde devolviendo la pureza, regenerando la salud.

Aún más llamativo es el hecho de la resurrección de la hija de Jairo. Todos la dan ya por fallecida. Lo que todos sienten es que la muerte la ha abrazado para siempre. Sin embargo, el Maestro le dice, como en confidencia, al jefe de la sinagoga: *No temas, tan solo ten fe...* Despide a toda la comitiva porque quiere quedarse a solas con ella. Los únicos testigos elegidos para permanecer en la habitación son los padres de la pequeña y tres de sus discípulos, Pedro, Santiago y Juan, curiosamente los mismos que le acompañarán en la transfiguración, curiosamente los mismos a los que pedirá en Getsemaní que velen con Él, quizá porque habían *palpado* su poder y serían los más conscientes de la dificultad de ese momento.

Jesús toma la mano de la niña... y la niña se levanta. Cristo ha vencido a la muerte, sin estridencias, sin alharacas, de manera amorosa y familiar, ha resucitado a la hija de un amigo porque, a pesar de sentir un dolor inmenso, no ha perdido la fe en el poder de Dios. Jairo ha sabido fiarse de esa mano de Jesús que todo lo puede, y que ha arrebatado a su niña del poder de las tinieblas. Un mensaje inequívoco para todos y cada uno de nosotros: no temer, no perder la esperanza, tener fe, acercarnos al único que puede mantenernos en la vida, al único que ha de llevarnos hasta el amor de la eternidad. Y al final de todo, un par de detalles prodigiosos: el primero, decirles que guarden silencio sobre lo que acaba de suceder, porque la meta es hacer el bien silenciosamente; el segundo, cuando les pide que den algo de comer a la niña, lo que desvela esa finura, esa delicadeza de estar pendiente de los demás, hasta en los más mínimos detalles.

No lo olvidemos: tocar o ser tocados por Dios, para hacer el bien... Esa es la humildad de piel, esa es la grandeza del tacto espiritual.

VISIÓN SOBRENATURAL: *DOMINE UT VIDEAM,* SEÑOR, QUE VEA...

La vista suele ser considerada como el sentido privilegiado, como la vía preferente para establecer nuestra relación con el mundo, porque es sinónimo de conocimiento. Ver es entender, comprender, que es tanto como tener las cosas claras, eliminar cualquier tipo de duda. Ver es estar seguro de algo. Quizá por eso la visión espiritual es, en realidad, una *visión sobrenatural*. Un nuevo modo de conexión, percepción e interpretación. La realidad se amplifica cuando ponemos en funcionamiento este sentido espiritual, porque comenzamos a ver la voluntad de Dios con *claridad*, porque, de algún modo, comprendemos las realidades terrenales con toda *nitidez* a la luz de una perspectiva de eternidad.

Desde la Antigüedad asistimos a un fenómeno extraño: aquellos que poseen una visión más aguda, más penetrante, paradójicamente, son ciegos. El caso de Tiresias de Tebas es ejemplar. En su juventud perdió la vista... Hay quien afirma que fue Atenea quien le privó de la visión, porque la sorprendió mientras se daba un baño, y castigó al joven a la más siniestra oscuridad. Otros dicen que fue Hera quien se la quitó, por mediar en una discusión que estaba teniendo con Zeus sobre el placer. De todos modos, la ceguera física fue compensada con un don muy querido en todos los tiempos: el poder de adivinar el futuro.

Ya se ve que los sentidos externos no lo son todo. En este mundo nuestro que no tolera la imperfección, carecer de vista puede ser no solo una tragedia personal, sino un estigma social. Sin embargo, la lucidez tiene grados mucho más intensos, mucho más allá de la cantidad de lúmenes que puedan ser registrados por un fotómetro. En otros tiempos, ser ciego o quedarse ciego era sinónimo de una condena a la indigencia. Desde luego suponía una deficiencia física que incapacitaba para llevar una vida normal, pero –y esto era aún peor– también era el síntoma de algo muy grave: el pecado. Ser ciego era imagen *evidente* de ser un pecador, de ser una persona que ha de estar apartada de la comunidad por su impureza, por estar condenado por la Ley.

Estar ciego en el mundo clásico era considerado, al igual que acabamos de comprobar con la lepra, un castigo divino, consecuencia directa de la desobediencia a Dios. En el Antiguo Testamento podemos detectar hasta setenta y cuatro referencias a la ceguera. Destacan en el libro del *Éxodo*, en el *Levítico* hasta tres veces, en el *Deuteronomio* otras tres, en el segundo libro de *Samuel*, en los *Salmos*, en *Job*, en los profetas *Sofonías* y *Malaquías* y, muy especialmente, las nueve menciones en *Isaías*. En griego, la palabra que suele ser empleada en las traducciones es τυφλός ('typhlós'), que significa en sentido literal aquello que está "obturado", lo que está "tapado", incluso lo que "no es permeable". Si tomamos este término en sentido activo, las palabras que aparecen son "invidente" y "ciego". En sentido figurado nos vienen a la mente términos como el de "ofuscado", "obcecado", y eso tanto en un sentido físico, como moral y espiritual. En sentido pasivo, el campo semántico nos lleva a términos como "inadvertido", "escondido", "oculto" o "tenebroso". Otros términos griegos que suelen emplearse en formas sustantivas son los de ἀορασία, 'aorasía' *(Dt* 28, 28) y también ἀποτύφλωσις, 'apotyphlosis' *(Za* 12, 4), que vienen a significar el hecho de quedarse ciego, el "encegueceretio", la acción por la que alguien pierde la vista.

Desde luego, la ceguera como castigo nos pone en el camino más de la pérdida de un sentido espiritual que en el de un fallo orgánico. Más allá de la acción de los rayos del sol, del polvo y la suciedad de los caminos, y de cualquier otra cosa que pudiera inflamar los ojos o dañarlos, lo que aparece en el horizonte no es un problema oftalmológico como tal, sino una consecuencia espiritual con una determinada etiología de índole moral. No son pocos, ni secundarios, los personajes del Antiguo Testamento que son ciegos. Uno de los más relevantes es Isaac: cuando ya era muy mayor, sus ojos se debilitaron hasta perder la vista (cfr. *Gn* 27, 1-45), y será engañado por su hijo Jacob quien, a su vez, al final de su vida también se quedará invidente (cfr. *Gn* 48, 10). El libro de los *Jueces* nos cuenta cómo Sansón había disfrutado del deleite de la vista en su juventud (14, 1-2), y cómo después, cuando los filisteos le arrancaron los ojos (16, 21. 26), experimentó una dependencia radical que le llevará a reclamar venganza (16, 28). El sacerdote Elí (cfr. *1 S* 3, 2; 4, 18) es un ejemplo de la clarividencia de los que han perdido la visión, porque sienten la presencia de Dios de un modo muy singular, especialmente en las instrucciones que le da a Samuel:

Comprendió entonces Elí que era el Señor quien llamaba al joven, y le dijo:

—Vuelve a acostarte y si te llaman dirás: «Habla, Señor, que tu siervo escucha».

Samuel se fue y se acostó en su aposento. Vino el Señor, se presentó y le llamó como otras veces:

—¡Samuel, Samuel! Respondió Samuel:

—Habla, que tu siervo escucha *(1 S* 3, 8-10).

Otro caso es el del profeta Ajías de Siló, que aparece en el primer libro de los *Reyes* quien, a pesar de estar ciego (cfr. *1 R* 14, 4), es capaz de reconocer a la esposa de Jeroboam, la reina, simplemente por su forma de andar, al oír sus pasos (cfr. *1 R* 14, 6) y a la que, además, le revela un oráculo (cfr. *1 R* 14, 7-16). Un personaje que no puede faltar en este recuento es el rey Sedecías, al que el rey de Babilonia primero le obligó a presenciar cómo degollaba brutalmente a sus hijos y después le sacó los ojos (cfr. *2 R 25, 7*). Y, por último, quisiera citar el caso de Tobit. Los excrementos de los gorriones le dejaron ciego:

> No sabía que encima de mí, en la pared, había unos pájaros; estos dejaron caer sus excrementos todavía calientes sobre mis ojos, y me salieron unas manchas blancas. Acudí a los médicos para que me curaran y cuantas más medicinas me aplicaron, tanto más quedaban ciegos mis ojos por las manchas, hasta que me quedé ciego por completo. Estuve privado de la vista durante cuatro años, y todos mis hermanos sufrían por mi causa *(Tb 2, 10)*.

Tobit implora su recuperación, clama a Dios para ser curado:

> Ahora, Señor, acuérdate de mí y mírame. No me castigues por mis pecados y negligencias, ni tampoco por los de mis padres, los que cometieron en tu presencia. Yo también desobedecí tus mandamientos, y nos has entregado al saqueo, a la cautividad, a la muerte, a la burla, a la crítica y al escarnio entre todas las naciones en las que nos has dispersado. Ahora tus muchos juicios resultan verdaderos

al tratarme como merecen mis pecados y los de mis padres, porque no hemos cumplido tus preceptos ni hemos caminado con sinceridad en tu presencia. Haz ahora conmigo lo que quieras y ordena que me sea retirado mi espíritu, de manera que yo desaparezca de la faz de la tierra y me convierta en polvo; porque prefiero la muerte antes que la vida, puesto que he oído reproches injustos y se ha apoderado de mí una enorme tristeza. Manda, Señor, que me libre de este sufrimiento y envíame al lugar eterno, pero no apartes de mí tu rostro, Señor, porque prefiero morir a ver tanto sufrimiento en mi vida y escuchar tales improperios *(Tb* 3, 3-6).

Su oración será escuchada y, gracias a la intervención del ángel Rafael, las manchas blancas de sus ojos desaparecerán y volverá a ver la luz del Señor. Esta es la clave: hemos de pedir la vista con un único fin: ver la gloria de Dios y proclamarla a las naciones, porque la plenitud del ser humano como criatura está en escuchar la Palabra (cfr. *Dt* 6, 4) y ver la gloria de Dios. Nuestra incapacidad no es más que un signo cierto de haber abandonado la Alianza con Yahvé. La ceguera es el fruto directo de la infidelidad que supone

la idolatría. La verdadera fuente de enfermedad es no ser fieles, no querer ver lo evidente. Esto se hace aún más patente con el nacimiento de Jesús, con la llegada del Mesías.

El Nuevo Testamento es la señal incues-
tionable de que ha llegado el momento de la
gracia. La acción de Jesús, su salir al mundo
a predicar la buena nueva, indica, sin reservas, la plenitud de los tiempos. Es como si
ante una situación desconcertante, alguien
nos pusiera las cosas claras:

—¿Eres tú el que va a venir, o esperamos a
otro?

Y Jesús les respondió:

—Id y anunciadle a Juan lo que estáis viendo y oyendo: los ciegos ven y los cojos an-
dan, los leprosos quedan limpios y los sordos
oyen, los muertos resucitan y a los pobres se
les anuncia el Evangelio *(Mt* 11, 4-5).

Isaías lo había dejado bien claro. Sus ex-
presiones son variadas y recogen la totalidad
del anuncio mesiánico: los ojos de los ciegos
verán (cfr. *Is* 29, 18); se abrirán los ojos de
los ciegos (cfr. *Is* 35, 5); vendrá para abrir
los ojos ciegos (cfr. *Is* 42, 7); interpela a los
ciegos: "mirad y ved" (cfr. *Is* 42, 18); el cojo

saltará como el ciervo (cfr. *Is* 35, 6); los sordos oirán (cfr. *Is* 29, 18); se abrirán los oídos de los sordos (cfr. *Is* 35, 5); revivirán los muertos (cfr. *Is* 26, 19)... y, por supuesto, nos recuerda su propia misión: «me ha enviado a anunciar el evangelio a los pobres» *(Is* 61, 1).

Humanamente es emocionante convertirse en testigo de que los ciegos (τυφλοί) ven (ἀναβλέπουσιν). En cierto sentido, carecer de vista era perderlo todo, porque suponía renunciar a la capacidad de estar frente a Dios y, por tanto, ser relegado, ser un marginado. Por el contrario, recuperar la vista viene a significar que volvemos a restaurar la capacidad de asombro, que es tanto como si naciera en nosotros la posibilidad de glorificar a Dios. El Nuevo Testamento más que un relato es un espacio y un tiempo en el que renace la gracia. No debe ser casual el hecho de que nos encontremos con la palabra "ciego" (τυφλός) cincuenta veces: diecisiete de ellas en el evangelio de Mateo, cinco en el de Marcos, ocho en el de Lucas y dieciséis en el de Juan; más las que aparecen en los *Hechos de los Apóstoles* (13, 11), en la *Carta a los Romanos* (2, 19), en la segunda *Carta de Pedro* (1, 9) y en el *Apocalipsis* (3, 17).

El texto de la *Carta de Pedro* resulta fascinante, porque nos lleva a unir de manera directa el despliegue de las virtudes y este sentido sobrenatural que es la vista espiritual:

> Por esa razón, debéis poner de vuestra parte todo esmero en añadir a vuestra fe la virtud, a la virtud el conocimiento, al conocimiento la templanza, a la templanza la paciencia, a la paciencia la piedad, a la piedad el amor fraterno, al amor fraterno la caridad. Porque si tenéis estas virtudes y crecen vigorosamente en vosotros, no quedaréis inoperantes e infecundos en el conocimiento de nuestro Señor Jesucristo. Quien carezca de estas virtudes es tan ciego y miope que no puede ver, y ha echado en olvido que fue purificado de sus antiguos pecados. Por tanto, hermanos, poned el mayor esmero en fortalecer vuestra vocación y elección *(2 P* 1, 5-10).

Fe, virtud, conocimiento, templanza, paciencia, piedad, amor fraterno, caridad son como escalones que, en el caminar de nuestra vida, nos permiten ir ascendiendo hacia esa visión de Dios en todo y por todo. Aún más, si el camino de la virtud es el mismo que el de la estética espiritual, nuestra existencia se verá iluminada por algo más que

un simple juego de sensaciones, porque des-
cubriremos que hemos sido elegidos por el
propio Maestro, que somos destinatarios de
una vocación única que hará de nuestra vida
de cada día un reflejo fidedigno de la vida de
Jesús, seremos –como le gustaba recordar a
san Josemaría– *alter Christus, ipse Christus*,
otro Cristo, el mismo Cristo.

La curación del ciego, El Greco.

Doménikos Theotokópoulos, *El Greco*
(1541-1614), siempre fue un especialista en
contar historias. Su capacidad para el dise-

ño de escenas es asombrosa, quizá porque su alma contemplativa se vio reforzada en Creta, donde practicó el arte de engendrar iconos de estilo posbizantino. Además, su estancia italiana acentuó su fuerza dramática aprendiendo, en Venecia, de Tiziano Vecellio (1488-1576) y Tintoretto (1518-1549), y, en Roma, de Miguel Ángel Buonarroti (1475-1564). *La curación del ciego* (c. 1577) es una obra impactante por la grandeza de su composición y, al mismo tiempo, por la viveza de sus colores. Marcos relata la curación de Bartimeo no como el que asiste a un acto médico, sino como quien se convierte en testigo del poder del Dios vivo:

> Llegan a Jericó. Y cuando salía él de Jericó con sus discípulos y una gran multitud, el hijo de Timeo, Bartimeo, un mendigo ciego, estaba sentado al lado del camino. Y al oír que era Jesús Nazareno, comenzó a decir a gritos:
>
> —¡Jesús, Hijo de David, ten piedad de mí!
>
> Y muchos le reprendían para que se callara. Pero él gritaba mucho más:
>
> —¡Hijo de David, ten piedad de mí! Se paró Jesús y dijo:
>
> —Llamadle.
>
> Llamaron al ciego diciéndole:

—¡Ánimo!, levántate, te llama.

Él, arrojando su manto, dio un salto y se acercó a Jesús. Jesús le preguntó:

—¿Qué quieres que te haga?

—Rabboni, que vea –le respondió el ciego. Entonces Jesús le dijo:

—Anda, tu fe te ha salvado.

Y al instante recobró la vista. Y le seguía por el camino *(Mc* 10, 46-52).

Recobrar la vista por la fe... esa es la cuestión. No se trata de una mera curación, sino de un milagro. La clave radica en hacer posible lo imposible, en hacer de lo ordinario algo extraordinario, y eso solo Dios puede hacerlo. Pero se apoya en su fe... y en la tuya... y en la mía... porque para Dios no hay nada imposible, con fe, en esperanza, por amor.

En la escena que pinta El Greco, Cristo está revestido del mismo azul ultramar que el cielo. Esa diagonal extraordinaria une lo terrestre y lo celeste, deja pasar la luz que ilumina toda la escena. En la izquierda acontece lo fundamental: Jesús toca con los dedos de su mano derecha los ojos de un mendigo postrado ante él, mientras que con su mano izquierda le acoge cariñosamente. En el lado opuesto de la escena podemos ver un grupo numeroso, que está como disputando, con gestos contrariados, moviendo los brazos con ademanes como desairados... Seguramente todo ese descontento se debe a que, tal vez, para ellos Jesús ha curado a quien a su juicio no lo merecía, o tal vez porque era sábado, o quizá porque el pobre desvalido se había atrevido a acceder a una zona del templo reservada a los más observantes. Los espacios del Templo estaban sometidos a una serie de normas muy estrictas: un extranjero o una mujer no podían estar en cualquier lugar, lo mismo que un pobre hombre tampoco. En la parte exterior estaba el atrio de los gentiles, un lugar específicamente reservado para los no judíos; a una cierta distancia, las mujeres; después los judíos; y, finalmente, el *Sanctasanctorum*, un lugar inaccesible.

Sin embargo, en esta imagen los marginados se acercan al Maestro, que es el verdadero Templo de Dios. Se atreven a llegar a su lado y Él les cura. Este hecho posee una significación muy poderosa: lo que antes estaba reservado a unos pocos, ahora está abierto a la humanidad entera. Jesús ha venido a anunciar a todos la salvación, la sanación, el perdón de los pecados. Es destacable que, en primer término, el pintor griego nos presente a una mujer y a un extranjero –su tono de piel nos lo confirma–, como para reforzar esta idea de que el Reino ha llegado y ha traspasado toda frontera.

La curación del ciego (detalle), El Greco.

Acudió a él mucha gente que traía consigo cojos, ciegos, lisiados, mudos y otros muchos enfermos, y los pusieron a sus pies, y él los curó; de tal modo que se maravillaba la multitud viendo hablar a los mudos y restablecerse a los lisiados, andar a los cojos y ver a los ciegos. Y glorificaban al Dios de Israel *(Mt* 15, 30-31).

Todas estas acciones de curación no acontecen como un fin en sí mismo, sino que el maravillarse, el asombro, el admirarse (θαυμάζω) que experimenta cada uno de los testigos de los gestos de Jesús se convierte en una ocasión única para dar gloria a Dios (ἐδόξασαν τόν θεόν). Recuperar los sentidos corporales no es una mera sanación material, sino la posibilidad de poder glorificar a Dios de nuevo con nuestra vida, gracias a los sentidos espirituales. La visión sobrenatural hace que nuestro "ojo" huya del escándalo (cfr. *Mt* 5, 29; *Mc* 9, 47), se aparte de los deseos desordenados (cfr. *Mt* 5, 27-28), no se transforme en un instrumento para dañar a otros (cfr. *Mt* 6, 22-23). Desde el momento en el que se nos despierta la vista espiritual, podemos contemplar las realidades de la fe, que no son ensoñaciones, sino auténticas verdades, verdaderas realidades. Pero para eso hemos de pedir con humildad, tenemos que requerir piadosamente a Jesús que nos brinde su favor, que nos mire, y así seremos curados: ese *Rabonni, que vea* de Bartimeo no es fruto de la desesperanza, ni de la angustia, ni del dolor, sino de la fe amorosa, del amor esperanzado, que aguarda y confía en que el encuentro con Jesús eliminará toda tiniebla, acabará con toda pena, y el corazón comenzará a arder, como aquella tarde les sucedió a los que iban de regreso a Emaús y se encontraron con Él, y les explicó las Escrituras, y partió para ellos el pan (cfr. *Lc* 24, 13-35).

Hasta entonces, sus ojos estaban retenidos, "sus ojos eran incapaces de reconocerle" (v. 16), y eso que iban juntos, charlando sobre todo lo que había sucedido esos días en Jerusalén.

Llegaron cerca de la aldea a donde iban, y él hizo ademán de continuar adelante. Pero le retuvieron diciéndole:

—Quédate con nosotros, porque se hace tarde y está ya anocheciendo.

Y entró para quedarse con ellos. Y cuando estaban juntos a la mesa, tomó el pan, lo bendijo, lo partió y se lo dio. Entonces se les abrieron los ojos y le reconocieron, pero él desapareció de su presencia (vv. 29-31).

Y cuando le reconocieron, despareció... Eso no es un castigo, ni hace del encuentro con lo divino algo efímero o insustancial, sino que es toda una llamada de atención: cuando veas a Dios, no quieras tenerlo para ti solo. Sal corriendo, vuelve a tu Jerusalén, cuéntales a todos lo que has visto, lo que te han permitido ver, y confiesa con tu vida cómo se te enciende el corazón en Su presencia.

LA GRACIA DE DEGUSTAR:
DEL MANÁ DEL DESIERTO
A LA CENA DE PASCUA

Sinceramente creo que el gusto es el sentido que más ha hecho por nuestra supervivencia como especie. Uno, en ocasiones, puede comer aquello que no le "gusta", pero hacer del "disgusto" algo habitual es inconcebible. No somos ascetas que habitan el desierto y se mortifican con severidad, que se alimentan de raíces silvestres. Nuestra capacidad de asumir lo que nos desagrada suele ser muy limitada. En tanto que sentido corporal, el gusto es, sin lugar a dudas, uno de los mayores dispensadores de placer humano. A muchos de nosotros nos resultaría muy fácil hacer un listado de "cosas" que nos encanta comer. Nótese bien que he dicho "cosas" y no "alimentos", aunque estoy plenamente convencido de las bondades de las gominolas... En nuestras sociedades del bienestar padecemos sobrepeso, estamos más que saturados, casi nadie pasa hambre, hemos perdido de vista o jamás hemos conocido la verdadera sensación angustiosa de sentir hambre y no tener para comer.

Esto, naturalmente, contrasta con otros lugares de nuestro planeta donde llevarse algo a la boca cada día resulta prácticamente milagroso. Son miles y miles de personas las que mueren al día de hambre y eso, en nuestros tiempos, es sinónimo de morirse de injusticia, de esclavitud, de falta de solidaridad, de incomprensión, de olvido... Cuando uno es consciente de que, más o menos, cada cuatro segundos alguien se muere porque no tiene nada para comer, lo que esto nos provoca es un dolor tal que estomaga el alma. Basta ya de echar las culpas a Dios de que haya hambre en el mundo. Precisamente Dios es el único que no le falla a nadie, que siempre responde, que acoge, da cariño y alimenta a todo aquel que se acerca a Él. Para nosotros resulta muy fácil esconderlo todo bajo instituciones internacionales y estadísticas, pero lo cierto es que cada persona que muere no es un "nadie", sino un "tú" o un "yo" al que se le niega la posibilidad de disfrutar del bien más supremo de todos: la vida.

La relación del Creador con el ser humano, desde el primer momento, no prescinde de un hecho básico: necesitamos comer. Por eso el *Génesis* nos dice que en Edén había muchas cosas *apetecibles*, agradables a la vista, es decir, *gustosas*, que el fruto de los árboles resultaba muy grato. Todo ese paraíso era nuestro, y nosotros estábamos allí para trabajarlo y guardarlo (cfr. *Gn* 2, 15). Yahvé lo hizo todo bueno, y nos encargó que lo cuidáramos, que lo cultiváramos, que lo hiciéramos crecer, y así deberíamos seguir haciéndolo para procurar nuestra supervivencia y garantizar la de las generaciones que han de venir. Desde el primer momento, nosotros estamos al cargo de cuidar tanto la creación como a los demás seres humanos. Esa responsabilidad es irrenunciable y, a estas alturas, todavía nos queda mucho por hacer.

Quien contemple la riqueza de nuestro mundo, la exuberancia de la naturaleza, su capacidad de generar recursos, hasta la sobreabundancia de belleza que nos rodea incluso en las cosas más diminutas, puede preguntarse: ¿qué pinta el ser humano en todo esto? A veces, nuestros sentidos están embotados y no nos damos cuenta de que nuestra vida tiene un porqué y un por quién. Se la debemos a Dios, aunque nos empeñemos en apartarlo o en no reconocer su existencia, y Él nos la dio para que alcancemos nuestra plenitud, por amor. Pero vivimos demasiado esclavos de tantas cosas que nos desvían de nuestro verdadero camino, estamos tan despistados como los israelitas cuando salieron de Egipto liderados por Moisés y emprendieron su peregrinaje a través del desierto.

El desierto, todo desierto, es duro –también los nuestros–, y atravesarlo comporta un esfuerzo ímprobo, requiere una constancia y una entrega total. Lo único que mantiene el ánimo es *saber* que nos dirigimos hacia un lugar que merece la pena, *saborear* esperanzadamente que no estamos solos, que hay alguien que nos acompaña, nos guía y nos cuida en el caminar. Porque desfallecer es fácil, las dificultades no faltan, y, a veces, no somos capaces de apreciar las señales que tenemos delante. Cuando el pueblo judío fue liberado, tuvo que emprender un largo periplo hacia la tierra prometida, y, poco a poco, comenzaron a flaquear las fuerzas, y pusieron en duda la cercanía de Dios, y hasta levantaron ídolos a los que clamaban auxilio, aunque estos falsos dioses no se lo podían dar.

El libro del Éxodo nos cuenta una historia que pende siempre de escuchar al Señor y fiarse de Él. El Todopoderoso libera a su pueblo, el pueblo elegido, poniendo a Moisés al frente. Más allá de toda dificultad, emprenden un camino firme. Incluso atraviesan el Mar Rojo, porque Moisés hace exactamente lo que le ha dicho Dios, aunque le pareciera increíble, y van hacia el desierto del Sur. Caminaron durante tres días y no encontraron agua hasta llegar a Mará. Estaban *sedientos*, pero no pudieron beber porque eran aguas *amargas*. «Moisés clamó al Señor y el Señor le mostró un trozo de madera; Moisés lo arrojó al agua y el agua se volvió dulce» *(Ex* 15, 25). Qué detalle tan gustoso... No toda el agua es potable. No cualquier agua sacia nuestra sed. Hemos de aprender a discernir. Nuestros sentidos, también el del gusto, nos protegen, nos hacen disfrutar, y nos ayudan a distinguir lo que es bueno de lo que es malo.

En un peregrinar que parece que no tiene fin, el pueblo piensa que está como a la deriva, dejado de la mano de Yahvé, comienzan las murmuraciones, los disgustos, las discusiones, porque cuando se pierde la confianza en los planes de Dios para nosotros, todo se vuelve insoportable.

Recogiendo el maná,
folio 29r. del Speculum Humanae Salvationis.

Sin embargo, Dios seguía estando ahí, pendiente de su pueblo.

El Señor dijo a Moisés:

—He aquí que voy a hacer llover para vosotros pan desde el cielo; el pueblo saldrá a recoger cada día la porción cotidiana; así les pondré a prueba y veré si se comporta según mi ley o no. El sexto día, habrán de preparar lo que han recogido, que será el doble de lo que recolectan cada día.

Moisés y Aarón dijeron a todos los hijos de Israel:

—Esta tarde sabréis que es el Señor quien os ha sacado del país de Egipto, y por la mañana veréis la gloria del Señor que ha escuchado vuestras murmuraciones contra Él [...].

Entonces el Señor dijo a Moisés:

—He escuchado las murmuraciones de los hijos de Israel. Diles: «Al atardecer comeréis carne y por la mañana os saciaréis de pan. Así conoceréis que yo soy el Señor, vuestro Dios».

Aquella tarde, en efecto, subieron las codornices y cubrieron el campamento; y por la mañana, hubo una capa de rocío alrededor del campamento. Al evaporarse la capa de rocío quedó sobre la superficie del desierto una cosa blanca delgada, como escarcha sobre la tierra. Al verlo los hijos de Israel se dijeron entre sí:

—¿*Man-hu*? (que significa: «¿Qué es esto?»). Pues no sabían lo que era. Moisés les dijo:

—Esto es el pan que el Señor os da como alimento *(Ex* 16, 4-7/11-15).

Hambre, desierto, murmuración... y la respuesta de Yahvé no se hizo esperar. Fue compasivo y les dio el pan del cielo, que contiene en sí todo deleite. El maná es el alimento que Dios nos regala cuando transitamos en nuestros desiertos, pero no debemos olvidar que, al salir de ellos, su presencia se hace patente de otro modo. El libro de *Josué* nos recuerda el momento exacto en que Yahvé se dirige a su pueblo para comunicarle que ha terminado su exilio:

En aquellos días, dijo el Señor a Josué: «Hoy os he quitado de encima el oprobio de Egipto». Los hijos de Israel acamparon el Guilgal y celebraron allí la Pascua al atardecer del día catorce del mes, en la estepa de Jericó. Al día siguiente a la Pascua, comieron ya de los productos de la tierra: ese día, panes ácimos y espigas tostadas. Y desde ese día en que comenzaron a comer de los productos de la tierra, cesó el maná. Los hijos de Israel ya no tuvieron maná, sino que ya aquel año comieron de la cosecha de la tierra de Canaán (5, 9-12).

El gusto espiritual es el que nos permite disfrutar del maná, el que nos mantiene bien alimentados, el sustento que impide que perdamos la esperanza. Cuando el desierto termina, también termina el maná, pero entonces comienzan las cosechas, y en nuestras mesas se sirven apeteciblemente los alimentos que hemos podido cultivar y cocinar, los manjares que, gracias a la fecundidad de la tierra que nos ha sido dada, han nacido en nuestros campos y han sido preparados para nuestro deleite. La tierra de Canaán es, ni más ni menos, la Tierra Prometida desde antiguo a Abraham y su descendencia (cfr. *Gn* 12, 7). Tú y yo no estamos solos, ni vivimos aislados, sino que somos los descendientes de una estirpe que ha de cuidar y degustar de la Alianza, ese pacto por el que nuestro Dios nos bendice y nos entrega una herencia incalculable: ser sus hijos, ser hijos de Dios en su Hijo.

La vida pública de Jesús no comienza de cualquier manera. Su ministerio necesita ser preparado de un modo muy especial. Tras ser bautizado por Juan en el Jordán, también va al desierto.

Fue conducido Jesús al desierto por el Espíritu para ser tentado por el diablo. Después de haber ayunado cuarenta días con cuarenta noches, sintió hambre. Y acercándose el tentador le dijo:

—Si eres Hijo de Dios, di que estas piedras se conviertan en panes. Él respondió:

—Escrito está: No solo de pan vive el hombre, sino de toda palabra que procede de la boca de Dios.

Luego, el diablo lo llevó a la Ciudad Santa y lo puso sobre el pináculo del Templo. Y le dijo:

—Si eres Hijo de Dios, arrójate abajo. Pues escrito está: *Dará órdenes a sus ángeles sobre ti, para que te lleven en sus manos, no sea que tropiece tu pie contra alguna piedra.*

Y le respondió Jesús:

—Escrito está también: *No tentarás al Señor tu Dios.*

De nuevo lo llevó el diablo a un monte muy alto y le mostró todos los reinos del mundo y su gloria, y le dijo:

—Todas estas cosas te daré si postrándote me adoras. Entonces le respondió Jesús:

—Apártate, Satanás, pues escrito está:

Al Señor tu Dios adorarás y solamente a Él darás culto.

Entonces le dejó el diablo, y los ángeles vinieron y le servían *(Mt 4, 1-11)*.

Sentir hambre después de cuarenta días sin comer es tan humano que nos reafirma contundentemente que la Encarnación de Jesús no es una impostura ni una simulación. *La Palabra se hizo carne, y habitó entre nosotros,* hasta el punto de padecer las mismas sensaciones que cualquier ser humano. Justamente por eso, puede ser nuestro mejor maestro en gusto espiritual: cuando sentencia que no solo de pan vive el hombre, nos está diciendo que hemos de salir de nuestras rutinas, que hemos de aprender a disfrutar de los verdaderos manjares. La humanidad de Cristo es llevada al límite, y su disputa con el diablo nos recuerda que nuestra hambre se sacia de verdad cuando nos alimentamos de toda palabra que sale de la boca de Dios. Muchas veces queremos picotear otras cosas intentando saciar nuestros apetitos desordenados, pero lo que nos alimenta bien resulta ser un menú muy sencillo: amar y ser amados. Para transmitir esta receta vino Dios al mundo, así de simple.

Cuando Jesús comienza su vida pública, va de un lugar a otro, recorre las pequeñas ciudades con el convencimiento de que nos trae la Palabra de su Padre; llama a unos y a otros a convertirse a la Ley de Dios, una ley que se actualiza sobre todo en el amor, en estar pendientes unos de otros, en amarnos como Él nos ha amado desde antes de la creación del mundo. Su magisterio no comienza enseñando cosas raras ni dando lecciones sobre asuntos extraños, ni siquiera abrumando con una sabiduría que posee de modo sobrenatural por ser la Segunda Persona de la Trinidad. Todo en Él es un canto a la vida ordinaria, a esa vida que podemos tener los hombres y las mujeres de este mundo: una familia, un trabajo con el que ganarnos el sustento, buenos amigos para compartir los pequeños momentos de cada día, y, por supuesto, actos de piedad, ratos íntimos dedicados a tratar con Dios.

Pues bien, en esa vida tan normal que lleva, llega un momento en el que, por primera vez, se ve forzado, por amor a su Madre, a hacer algo extraordinario:

Se celebraron unas bodas en Caná de Galilea, y estaba allí la madre de Jesús. También fueron invitados a la boda Jesús y sus discípulos. Y, como faltó vino, la madre de Jesús le dijo:

—No tienen vino. Jesús le respondió:

—Mujer, ¿qué nos va a ti y a mí? Todavía no ha llegado mi hora. Dijo su madre a los sirvientes:

—Haced lo que él os diga.

Había allí seis tinajas de piedra preparadas para las purificaciones de los judíos, cada una con capacidad de unas dos o tres metretas. Jesús les dijo:

—Llenad de agua las tinajas.

Y las llenaron hasta arriba. Entonces les dijo:

—Sacadlo ahora y llevadlo al maestresala.

Así lo hicieron. Cuando el maestresala probó el agua convertida en vino, sin saber de dónde provenía –aunque los sirvientes que sacaron el agua lo sabían–, llamó al esposo y le dijo:

—Todos sirven primero el mejor vino, y cuando ya han bebido bien, el peor; tú, al contrario, has reservado el vino bueno hasta ahora.

Así, en Caná de Galilea hizo Jesús el primero de los signos con el que manifestó su gloria, y sus discípulos creyeron en él *(Jn 2, 1-11).*

El maestresala *gustó* el agua hecha vino... No podía saber que esa delicia que estaba catando, segundos antes, no era más que agua, *insípida* agua. En Caná realiza ese primer signo en el que revela su poder para cambiar las cosas. Esa transformación del agua en vino es la imagen de algo mucho más radical: la transustanciación del pan y el vino en Su Cuerpo y en Su Sangre. El acto más gustoso, de más alto deleite, se consuma en la intimidad del cenáculo, donde Jesús celebró la Pascua con sus discípulos. Conocemos el relato evangélico y en él se inspira Justo de Gante (c. 1430-c. 1480) para pintar *La institución de la eucaristía*, donde nos presenta un banquete en el que todo resulta peculiar.

El pan se ha transformado, por la plegaria de Jesús, en el Cuerpo de Cristo. Los apóstoles, de rodillas, lo reciben, lo comulgan, los trozos de pan tienen forma de hostia consagrada, como si en ese gesto confesaran que han de alimentarse del propio Jesús para poder anunciar al mundo su Evangelio. Tan solo Judas está de pie, apartado de una escena que los ángeles enmarcan y unos pocos privilegiados, como tú y yo, contemplan.

La institución de la eucaristía, Justo de Gante.

Jesús es el verdadero Pan del Cielo, que se va a entregar para que nuestras debilidades, nuestras inmundicias sean perdonadas. Jesús se ofrece al Padre en un único sacrificio que nos devuelve el sabor auténtico de Dios, de un Dios que se queda, sacramentalmente, con nosotros hasta el final de los tiempos. Hemos sido liberados para siempre, y gracias a la Pascua infinita de Jesús, sumo y eterno sacerdote, nuestro existir ya no es un peregrinar por lugares inhóspitos, ya podemos dejar los "desiertos", y recuperar la gracia de saborear los alimentos de cada día. Un tiempo antes de celebrar la última cena con sus discípulos ya había advertido a quienes le seguían:

Yo soy el pan de vida. Vuestros padres comieron en el desierto el maná y murieron. Este es el pan que baja del cielo, para que si alguien lo come, no muera. Yo soy el pan vivo que ha bajado del cielo. Si alguno come este pan, vivirá eternamente; y el pan que yo daré es mi carne para la vida del mundo.

Los judíos se pusieron a discutir entre ellos:

—¿Cómo puede este darnos a comer su carne? Jesús les dijo:

—En verdad, en verdad os digo que, si no coméis la carne del Hijo del Hombre y no bebéis su sangre, no tendréis vida en vosotros. El que come mi carne y bebe mi sangre tiene vida eterna, y yo le resucitaré en el último día. Porque mi carne es verdadera comida y mi sangre es verdadera bebida. El que come mi carne y bebe mi sangre permanece en mí y yo en él. Igual que el Padre que me envió vive y yo vivo por el Padre, así, aquel que me come vivirá por mí. Este es el pan que ha bajado del cielo, no como el que comieron los padres y

murieron: quien come este pan vivirá eternamente *(Jn* 6, 48-58).

Aquellos que le estaban escuchando en
Cafarnaún no podían dar crédito. A nosotros también nos resulta difícil creer, por eso,
el gusto espiritual viene en nuestro auxilio y
nos permite degustar de su cuerpo y de su
sangre, aunque nuestros sentidos ordinarios
no sean capaces de experimentarlo. Ya nos
lo había confesado santo Tomás de Aquino
cuando, al orar en presencia de la eucaristía, nos decía: *visus, tactus, gustus in te fa-
llitur* (al juzgar de ti se equivocan la vista, el
tacto, el gusto...). Y continuaba su plegaria
diciendo: *in Cruce latebat sola deitas, at hic
latet simul et humanitas; ambo tamen cre-
dens atque confitens, peto quod petivit la-
tro poenitens* (en la Cruz se escondía solo la
divinidad, pero aquí también se esconde la
humanidad; creo y confieso ambas cosas, y
pido lo que pidió el ladrón arrepentido...).

Es muy consolador saber que, si somos
como Dimas, el buen ladrón, podremos gozar de la *dulzura* del amor de Jesús: no solo
estaremos a su lado en el momento de la
muerte, sino que, al aborrecer la *amargura*

del pecado, *degustaremos* su presencia para siempre, para siempre, para siempre.

EL AROMA DE LA VIDA ETERNA:
BONUS ODOR CHRISTI

Solemos referirnos al *olor* como esa emanación de los cuerpos capaz de ser percibida por el sentido característico situado en la nariz. Sin embargo, no todo olor es un *aroma*. El aroma es un olor muy bueno o agradable. En todas las capacidades perceptivas existen unos umbrales que marcan los márgenes máximos y mínimos. En el caso del olfato, cuando nos referimos a alguien como un "sabueso", lo que en realidad estamos diciendo no es que sea un perro, sino que posee un olfato muy fino. Sin duda, hay personas que poseen un agudo sentido del olfato, hay quien es un verdadero sabueso con la capacidad de distinguir matices que para el común de los mortales pasan desapercibidos. Si fuésemos a comer a un restaurante de alta cocina, más allá de elegir platos de una carta deliciosa, tendríamos que entablar una conversación con el sumiller. Él nos ayudaría a elegir el vino que mejor maridaje hiciera con la comida, y nos hablaría de las notas olfativas de tal o cual caldo... Es curioso, pero, a veces, para hacernos mejor idea de un olor, tendemos a cerrar los ojos, como si de ese modo nos transportáramos a otro lugar, incluso como si saliéramos del espacio ordinario y así pudiésemos entrar en una atmósfera más pura en la que poder disfrutar de ese aroma.

El olfato espiritual nos ayuda a discernir lo bueno de lo malo, lo puro de lo impuro. En última instancia, este sentido sobrenatural nos permite percibir aquello que agrada a Dios. En los tiempos antiguos, las oraciones se presentaban envueltas en incienso, para que el buen aroma fuera el portador de los deseos más íntimos del corazón del ser humano y los transportara al corazón de Yahvé. La *fragancia* de la piedad del creyente es casi como un acto físico que puede ser percibido por el olfato. El olfato es además esa capacidad para descubrir lo que está oculto. No todo acaba en lo visible. La riqueza del mundo es tal que abarca una multiplicidad de dimensiones. De todas ellas podemos recibir información a través de los sentidos, tanto de los sentidos externos, como de los internos y, por supuesto, de los espirituales.

El olfato nos lleva más allá de lo que aparece, como para hacernos sentir que hay cosas que se escapan a lo meramente superficial. El olfato espiritual nos da sagacidad, astucia, perspicacia... El olfato externo es un sentido químico, el olfato espiritual es un sentido plenamente metafísico, porque parece no necesitar contacto, es un acto que trasciende las terminaciones nerviosas. Cuando nos topamos con el aroma de lo divino, este se nos graba no en el cerebro, sino en el alma, y allí se instala, y nada ni nadie lo puede desalojar, porque ese olor de Dios nos recuerda que un día salimos de sus entrañas. Si cerramos los ojos, seguro que todos podemos hacer volver atrás a nuestra memoria y recordar lugares y acontecimientos con una viveza indeleble. En efecto, los olores tienen una fuerza evocadora muy destacada y, además, poseen un perfil tan definido que nos ayudan a identificar personas casi con tanta precisión como la de un análisis de ADN. Aunque, a veces, nos pueden jugar una mala pasada...

El libro del *Génesis* nos narra precisamente cómo un hombre de Dios fue engañado por fiarse ciegamente del sentido del olfato. Antes hemos recordado cómo Isaac bendijo a Jacob en lugar de a Esaú:

Jacob repuso a su padre:

—Soy Esaú, tu primogénito; he hecho lo que me mandaste. Incorpórate, ponte sentado y come de mi caza, con el fin de que me bendigas.

Isaac respondió a su hijo:

—¡Qué rápido has sido en encontrarla, hijo mío! Él replicó:

—Porque el Señor tu Dios me la ha puesto delante. Isaac dijo a Jacob:

—Acércate para que pueda tocarte, hijo mío, a ver si eres mi hijo Esaú o no. Jacob se acercó a su padre Isaac, quien lo palpó y dijo:

—La voz es la de Jacob, pero las manos son las de Esaú.

No lo reconoció porque sus manos estaban velludas como las de su hermano Esaú, y le bendijo. Aún le preguntó:

—¿Eres tú mi hijo Esaú? Él respondió:

—Yo soy. Dijo Isaac:

—Acércame la caza, hijo mío, y la comeré con el fin de bendecirte. Se la acercó y comió; le dio vino y bebió. Y le dijo su padre Isaac:

—Acércate y bésame, hijo mío.

Se acercó y le besó. Entonces percibió el olor de su vestido, y le bendijo diciendo:

—El olor de mi hijo es como el olor de un campo que ha bendecido el Señor.

Que Dios te conceda el rocío del cielo y la riqueza de la tierra; abundancia de trigo y de vino.

Que los pueblos te sirvan y las naciones se postren ante ti; que seas señor de tus hermanos y se te postren los hijos de tu madre. Maldito el que te maldiga y bendito el que te bendiga *(Gn 27, 19-29)*.

El olor de Isaac, el olor de su hijo, es comparado con el olor del campo que Yahvé ha bendecido. Los olores nos permiten reconocer lo que nos es familiar, y, al mismo tiempo, nos llevan a apreciar una inmensidad de matices. Lo de inmensidad no es una exageración. Aunque no hay un consenso cerrado sobre este asunto, los especialistas nos dicen que nuestra nariz es capaz de detectar entre 10 000 y 100 000 millones; algunos investigadores elevan la cifra hasta un billón de olores diferentes. John Amoore a mediados de los años setenta del siglo XX propuso una lista de 7 olores genéricos primarios teniendo en cuenta el tamaño y la forma de sus moléculas: alcanfor, almizcle, menta, flores, éter, picante y podrido. Desde hace una década, Jason Castro y Chakra Chennubhotla plantearon una nueva clasificación en 10 categorías sobre una base de 146 descriptores olfativos.

Clasificar olores es todo un reto, y la mayor complicación se debe a su capacidad de implicar lo químico y lo emocional. Cada uno de nosotros cuenta con una memoria olfativa. Es, por decirlo así, nuestra biblioteca personal de olores, y en ella están recogidos los miles de olores que se registran en nuestro hipocampo, una parte del cerebro situada en el sistema límbico y que juega un papel capital en la regulación emocional, en nuestro comportamiento y en nuestras motivaciones.

En paralelo, el olfato espiritual nos permite discernir con nitidez lo que está bien y lo que está mal, es esa agudeza especial con la que percibimos que hemos de emprender un camino o dejarlo, es esa finura con la que podemos detectar la ternura y la dureza, la generosidad y la crueldad, la honradez y la vileza. Este sentido nos permite desechar lo impuro, detestar la maldad. Cuando coloquialmente usamos la expresión *me da en la nariz que...* lo que en realidad estamos manifestando es una sospecha, una suposición sobre una situación o sobre el comportamiento de alguien. Cuando tal o cual cosa "nos da en la nariz", suele ser un síntoma de que algo es como suponemos, para bien o para mal.

En la vida espiritual, como en nuestra relación con el mundo, somos capaces de detectar lo que es grato, lo que nos *huele bien.* Si decimos que algo *huele mal,* puede ser que químicamente estemos percibiendo algo podrido, descompuesto. Pero nuestro sentido espiritual es también capaz de aportar esa información en el ámbito moral. No debe ser casual que tradicionalmente al diablo se le asocie con un olor a humo o a azufre, porque el ácido sulfhídrico, un compuesto que huele a huevos podridos, se vincula al inframundo, y el humo se asocia al fuego, y este al infierno, a la perdición. Por contra, Cristo siempre está vinculado a un aroma agradable, a ese *bonus odor*, a ese buen olor que todo lo transforma para bien (cfr. *2 Co* 2, 15). El olor de Cristo no es una evidencia química, sino un modo de hacernos entender que todo lo que emana de Él es bueno.

El verdadero olor de Cristo es una fragancia que no capta la nariz, sino nuestro espíritu, un aroma cuya esencia principal son los frutos del Espíritu, como nos recuerda san Pablo (cfr. *Ga* 5, 22): amor, alegría, paz, magnanimidad, benignidad, bondad, fidelidad, mansedumbre... El olfato espiritual nos pone ante la evidencia de que una estética del espíritu, en el fondo, es una estética de las bienaventuranzas. Estar junto a Jesús es sentir la dulzura y la calidez de la fe y, al mismo tiempo, el frescor y la viveza de la esperanza, y siempre, el perfume de la caridad, en la que todos esos frutos se funden como en una sinfonía armónica.

Es muy llamativo lo cuidadosos que son los Evangelios con algunos detalles. Desde niño me llamó la atención el pasaje de Juan en el que se cuenta la resurrección de Lázaro:

Había un enfermo que se llamaba Lázaro, de Betania, la aldea de María y de su hermana

Marta. María era la que ungió al Señor con perfume y le secó los pies con sus cabellos; su hermano Lázaro había caído enfermo. Entonces las hermanas le enviaron este recado:

—Señor, mira, aquel a quien amas está enfermo. Al oírlo, dijo Jesús:

—Esta enfermedad no es de muerte, sino para gloria de Dios, a fin de que por ella sea glorificado el Hijo de Dios.

Jesús amaba a Marta, a su hermana y a Lázaro. Aun cuando oyó que estaba enfermo, se quedó dos días más en el mismo lugar. Luego, después de esto, les dijo a sus discípulos:

—Vamos otra vez a Judea. Le dijeron los discípulos:

—Rabbí, hace poco te buscaban los judíos para lapidarte, y ¿vas a volver allí?

—¿Acaso no son doce las horas del día? –respondió Jesús–. Si alguien camina de día, no tropieza porque ve la luz de este mundo; pero si alguien camina de noche, tropieza porque no tiene luz.

Dijo esto, y a continuación añadió:

—Lázaro, nuestro amigo, está dormido, pero voy a despertarle. Le dijeron entonces sus discípulos:

—Señor, si está dormido, se salvará.

Jesús había hablado de su muerte, pero ellos pensaron que hablaba del sueño natural. Entonces Jesús les dijo claramente:

—Lázaro ha muerto, y me alegro por vosotros de no haber estado allí, para que creáis; pero vayamos a donde está él.

Tomás, el llamado Dídimo, les dijo a los otros discípulos:

—Vayamos también nosotros y muramos con él.

Al llegar Jesús, encontró que ya llevaba sepultado cuatro días. Betania distaba de Jerusalén como quince estadios. Muchos judíos habían ido a visitar a Marta y a María para consolarlas por lo de su hermano.

En cuanto Marta oyó que Jesús venía, salió a recibirle; María, en cambio, se quedó sentada en casa. Le dijo Marta a Jesús:

—Señor, si hubieras estado aquí, no habría muerto mi hermano, pero incluso ahora sé que todo cuanto pidas a Dios, Dios te lo concederá.

—Tu hermano resucitará —le dijo Jesús. Marta le respondió:

—Ya sé que resucitará en la resurrección, en el último día.

—Yo soy la Resurrección y la Vida —le dijo Jesús—; el que cree en mí, aunque hubiera muerto, vivirá, y todo el que vive y cree en mí no morirá para siempre. ¿Crees esto?

—Sí, Señor –le contestó–. Yo creo que tú eres el Cristo, el Hijo de Dios, que has venido a este mundo.

En cuanto dijo esto, fue a llamar a su hermana María, diciéndole en un aparte:

—El Maestro está aquí y te llama.

Ella, en cuanto lo oyó, se levantó enseguida y fue hacia él. Todavía no había llegado Jesús a la aldea, sino que se encontraba aún donde Marta le había salido al encuentro. Los judíos que estaban con ella en la casa y la consolaban, al ver que María se levantaba de repente y se marchaba, la siguieron pensando que iba al sepulcro a llorar allí. Entonces María llegó donde se encontraba Jesús y, al verle, se postró a sus pies y le dijo:

—Señor, si hubieras estado aquí, no habría muerto mi hermano.

Jesús, cuando la vio llorando y que los judíos que la acompañaban también lloraban, se estremeció por dentro, se conmovió y dijo:

—¿Dónde le habéis puesto? Le contestaron:

—Señor, ven a verlo.

Jesús rompió a llorar. Decían entonces los judíos:

—Mirad cuánto le amaba. Pero algunos de ellos dijeron:

—Este, que abrió los ojos del ciego, ¿no podía haber hecho que no muriera?

Jesús, conmoviéndose de nuevo, fue al sepulcro. Era una cueva tapada con una piedra. Jesús dijo:

—Quitad la piedra.

Marta, la hermana del difunto, le dijo:

—Señor, ya huele muy mal, pues lleva cuatro días. Le dijo Jesús:

—¿No te he dicho que, si crees, verás la gloria de Dios?

Retiraron entonces la piedra. Jesús, alzando los ojos hacia lo alto, dijo:

—Padre, te doy gracias porque me has escuchado. Yo sabía que siempre me escuchas, pero lo he dicho por la muchedumbre que está alrededor, para que crean que Tú me enviaste.

Y después de decir esto, gritó con voz fuerte:

—¡Lázaro, sal afuera!

Y el que estaba muerto salió con los pies y las manos atados con vendas, y con el rostro envuelto en un sudario. Jesús les dijo:

—Desatadle y dejadle andar *(Jn* 11, 1-44).

La resurrección de Lázaro, de Giotto.

Ya huele muy mal... es tanto como decir que ya no hay remedio, que como ya se ha muerto, nada se puede hacer. Jesús no se detiene y pide ir a ver a su amigo, y le devuelve a la vida... La acción divina es siempre una caricia. También nosotros podemos desplegar el arte de cuidar de Jesús. La hermana de Lázaro, María, ya lo había hecho: *era la que ungió al Señor con perfume*. El hedor de la muerte, de la muerte moral, el hedor del pecado solo puede ser erradicado por el amor de Dios.

Qué bien recoge todo este pasaje Giotto di Bondone (c. 1266-1337) en el fresco de *La resurrección de Lázaro* de la Capilla de los Scrovegni de Padua (1306). El olor de la muerte es el olor de la perdición. Aquellos que no creen que haya vida después de morir no pueden aguantar el olor de Lázaro, que lleva muerto ya cuatro días. Sin embargo, Jesús quiere rescatar de ese ambiente fétido a su amigo. Cuando María le reprocha: *Señor, si hubieras estado aquí, no habría muerto mi hermano*, Cristo calla. No dice nada. Solo espera de ellos fe. Está muy conmovido, porque les ama a todos, y ve su tristeza. Incluso Él mismo rompe a llorar. No hay nada fingido en ese dolor de amor. Lo único que le mueve es la misericordia. Entonces, decide actuar. Marta le advierte: *Señor, ya huele muy mal, pues lleva cuatro días*.

El poder amoroso de Jesús vence a la fétida muerte. El buen olor de Cristo acaba con la podredumbre, porque mirando al cielo, alzando sus ojos, le da gracias a su Padre, que siempre le escucha, y se dirige a su amigo Lázaro y le ordena: *Sal afuera*. Y el que estaba muerto salió, tal como nos lo pinta Giotto, vendados los pies y las manos, y volvió a la vida. El horror, la negrura, la oscuridad desaparecen ante la fragante caridad de Jesús. La paz, la blancura, la luminosidad de la resurrección son la evidencia de que la belleza de la vida –también la de la vida eterna– es fruto siempre de la misericordia.

BELLEZA Y MISERICORDIA:
ESTÉTICA Y ESPÍRITU

Las palabras nos ayudan a descubrir nuestro lugar en el mundo. Aún más, nos permiten indagar en la realidad para intentar desvelar algo esencial: hasta lo más pequeño, lo más diminuto, lo más ordinario tiene un sentido. Nada es insignificante, sino todo lo contrario. Para una sensibilidad integral, como la del ser humano, todo puede adquirir una dimensión nueva, una profundidad radical. Solo hace falta estar atento. La estética tiene una doble vertiente: por un lado, es la ciencia de lo bello y, por otro, es una teoría acerca de la sensibilidad. Como hemos visto, los seres humanos somos cuerpo, alma y espíritu, por eso, al unir ambas vías, nos hemos encontrado con que la belleza impacta nuestros sentidos externos, ilumina las potencias del alma y desvela una serie de capacidades de discernimiento a través de los sentidos espirituales.

La belleza es una realidad innegable. No podemos confundir lo objetivo con lo subjetivo, ni la subjetividad con la arbitrariedad. La belleza está en las cosas que nos rodean, en las acciones humanas y, por supuesto, en Dios. No podemos permitirnos confundir nuestra experiencia de lo bello, que siempre será subjetiva, con la belleza misma. Nuestros juicios estéticos obviamente serán subjetivos, pero no tienen por qué ser arbitrarios, injustificados o irracionales. La estética es una vía filosófica, antropológica y metafísica, que facilita el conocimiento de la realidad a través de lo sensible, a través de los sentidos, de *todos* los sentidos. Si prescindimos de alguna de las dimensiones que nos constituyen, fragmentaremos nuestra identidad y será imposible el desarrollo integral de la persona. Conocimiento, ética y estética, siendo ámbitos bien diferentes, se complementan de manera esencial para hacer de la vida humana una buena vida, una vida buena, una vida plena.

No es una locura conectar entre sí el deseo de saber, la búsqueda del bien y la capacidad de disfrutar. Cuerpo, alma y espíritu implican lo sensible, lo inteligible y lo espiritual. Nuestros tiempos tan complejos son un momento privilegiado de la historia para que recordemos que, para nosotros, la belleza es una vocación: afecta a nuestra sensibilidad, porque las cosas hermosas nos atraen; estimula nuestra mente, porque en todo buen razonar encontramos un destello de la verdad; y nos recuerda que más allá de lo meramente material se abre un horizonte espiritual, que nos hace entrever la hermosura de la presencia de Dios en el mundo. La Verdad nunca se opone al Bien, y la visibilidad de una y otro es la Belleza. Los sentidos y el conocimiento nos abren a la acción, y esta se configura gracias a normas y valores. Pero podemos dar un paso más, como hizo san Buenaventura, y, gracias a una delicada concepción de la Belleza, establecer una conexión privilegiada entre los sentidos espirituales y las virtudes teologales:

> La imagen de nuestra alma ha de revestirse con las tres virtudes teologales que la pacifican, iluminan y perfeccionan; y de esta mane-

ra, la imagen queda reformada y hecha conforme a la Jerusalén de arriba y miembro de la Iglesia militante, la cual es, según el Apóstol, hija de la Jerusalén celestial. Porque dijo así: *Aquella Jerusalén que está arriba es libre, la cual es madre de todos nosotros (Ga 4, 26)*. El alma, pues, que cree, espera y ama a Jesucristo, que es el Verbo encarnado, increado e inspirado, esto es, camino, verdad y vida, al creer por la fe en Cristo, en cuanto es Verbo increado, palabra y esplendor del Padre, recupera el oído y la vista espiritual; el oído, para recibir las palabras de Cristo; la vista, para mirar con atención los esplendores de su luz. Y al suspirar por la esperanza para recibir al Verbo inspirado, recupera, mediante el deseo y el afecto, el olfato espiritual. Cuando por la caridad abraza al Verbo encarnado, recibiendo de Él delectación y pasando a Él por el amor extático, recupera el gusto y el tacto. Recuperados los sentidos espirituales, mientras ve y oye, huele, gusta y abraza a su esposo, puede ya cantar como la esposa en el *Cantar de los Cantares*, compuesto para el ejercicio de la contemplación en este cuarto grado, que nadie la alcanza, sino la recibe, porque más consiste en la experiencia afectiva que en la consideración intelectiva. Y es que, en este grado, reparados ya los sentidos interiores para ver al sumamente hermoso, oír al sumamente armonioso, oler al sumamente odorífero, gustar al sumamente suave y asir al sumamente deleitoso, queda el alma dispuesta para los excesos mentales, y esto por la devoción, por la admiración y por la exultación, las cuales corresponden a las tres exclamaciones que se hacen en el *Cantar de los Cantares*. La primera de ellas nace de la abundancia de la devoción, la cual hace al alma como una columnita de humo, formada de perfumes de mirra e incienso; la segunda, de la excelencia de la admiración, que hace el alma como la aurora, la luna y el sol, conforme a la progresión de las iluminaciones que suspenden el alma, a causa de la admiración, proveniente del contemplado Esposo; la tercera, de la sobreabundancia de la exultación, la cual hace al alma rebosar de las delicias de delectación suavísima, apoyada del todo sobre su amado *(Itinerarium mentis in Deum,* IV. 3).

El espíritu de la estética es la belleza, pero es la estética del espíritu la que nos ha desvelado que estamos llamados a contemplar la Hermosura, la hermosura de Dios, la hermosura que es Dios. Ahora bien, lo más propio de Dios es amar y perdonar siempre. Para nosotros amar y perdonar tienen medidas muy escasas, casi diminutas, tanto en cantidad como en calidad. Por eso, amar siempre y perdonar siempre se nos escapa.

¿Amar a quienes no conozco, amar a mis enemigos? ¿Perdonar a quienes me hacen daño, a quien me humilla, a quien me miente...?

La estética del espíritu es un encuentro con lo originario, es un modo de recuperar, de manera integral, una concepción del ser humano que nos haga re-vivir, que nos despierte, que nos transforme. La estética del espíritu es un modo de conversión, un camino de redescubrimiento, es una aventura en la que podemos gozar con esmero de los dones recibidos. Cómo me gustaría decir con san Agustín:

> Me llamaste, me gritaste y rompiste mi sordera. Brillaste, y tu resplandor hizo desaparecer mi ceguera. Exhalaste tus perfumes y respiré hondo, y suspiro por Ti. Te he saboreado, y me muero de hambre y sed. Me has tocado, y ardo en deseos de tu paz *(Confesiones* X, 27, 38).

Nos queda hacer de nuestra vida de cada día un acto estético, que es tanto como reconocer que estamos destinados a ser contemplativos en todo lugar, en todo momento. De este modo podremos vivir atentos a la Belleza, a todas las bellezas, las que nos traen los sentidos del cuerpo, las que nos descubren las potencias del alma y también aquellas que son patrimonio exclusivo del espíritu. Belleza y misericordia son un don que los seres humanos disfrutamos inmerecidamente, son un patrimonio que hemos recibido por ser hijos queridos de quien es pura hermosura, Hermosura pura.

Toda auténtica contemplación estética requiere emprender un camino de purificación. Para poder ver a Dios por medio de los sentidos espirituales, hemos de tener limpio el corazón; para poder escuchar lo que Jesús nos enseña con su palabra, hemos de aniquilar el ruido que nos circunda; para poder percibir su aroma, hemos de saber sentir más allá; para degustar de su presencia, hemos de salvaguardar nuestros apetitos... Así podremos poner nuestras manos en las suyas y sentir su fuerza. Hemos de aprender a vaciar nuestros sentidos de todo aquello que les impiden percibir la profundidad de lo real. De ese modo podrán llenarse de la hermosura de las cosas buenas de cada día y, entonces, la belleza será bienaventuranza, una caricia de la misericordia de Dios.